고난에도 방향이 있다면

THE WAY THAT SUFFING LEADS US

행복을 자기 안에서 찾는 일은 어렵다.
그러나 다른 어디에서도 그것을 찾을 수는 없다.

*

쇼펜하우어, 행복에 관하여

네 스스로의 불꽃에 자신을 태울 준비가 되어 있어야 한다.
먼저 재가 되지 않고서 어떻게 새롭게 일어설 수 있겠는가!

*

니체, 차라투스트라는 이렇게 말했다

이 책의 내용 중 사례는 책의 의도를 잘 전달하기 위해 변형을 했다.

프롤로그

고난 이해하기의 시작

2025년 여름, 새벽 5시 12분 인천항 6부두

나는 반품 스티커가 잔뜩 붙은 32개 박스를 확인했다. 파손율 8.3%, 환불 요청 74건, 쿠팡 평점 2.7 점.

남편은 운전석 창문을 내리고

"서류 처리 9시 전에 끝내야 해"

라고 말했지만, 나는 박스 하나를 뜯어 플라스틱 틈 사이에 낀 검은 먼지를 손톱으로 긁어냈다.

지난달 단가 1,900원짜리 문구류를 2만 4,900원에 팔겠다고 마음먹었을 때는 '마진 1,210%'라고 어림셈을 먼저 했지만, 오늘은 '4,538,200원'이라는 손실이 먼저 생각났다. 쿠팡 정산 날짜까지 남은 13일 동안 카드 결제일이 세 번, 아이 학원비가 두 번, 양가 부모님 용돈이 한 번 있다. 숫자들은 고난을 재촉하는 알람처럼 울리지만, 실은 그 고난이 내 생활 전부라는 걸 증명하는 증빙 자료이기도 하다.

오전에 통관 서류를 제출하고 집으로 돌아오는 차 안, 남편은 커피 두 잔 값 8,600원을 지불하며 "그래도 작년보다 매출 18% 올랐잖아."라고 위로했다. 하지만 매출보다 큰 건 물류비 26% 상승이고, 더 큰 건 아이와의 약속을 세 번째 미뤘다는 사실이다. 아이는 장난감보단 엄마와 노는 시간을 원한다고 했지만, 나는 "이 물품만 정리되면"이라는 말을 반복해 왔다. 회사를 운영하기 시작하면서 회사가 곧 삶이 되어 아이를 돌보기 점점 더 어려워졌다.

중국 창저우 창고에 아직 1,200개 재고가 묶여 있고, 선적이 지연되면 보관료 추가금이 쌓인다. 보관료가 덧셈 될수록 나는 모성의 시간을 뺄셈했다.

밤 11시 47분, 거실 식탁 위에 회색 박스를 올려놓고 교환·환불 사유를 일일이 메모했다. '기스 3mm', '전원 불량', '색상 오차'. 육안으로 보면 티끌 같은 문제이지만, 별 네 개 아래 별 한 개는 모든 리뷰를 잠식한다. 사람들은 좋은 리뷰보다는 부정적인 리뷰에 더 혹하기 때문이다. 리뷰어의 문장은 가차 없었고, 나의 대응을 공손하게 했지만 초조했다. 그때 문득, 철학자 쇼펜하우어가 한 말이 떠올랐다. 고난은 인생의 본질이고 사람은 이를 통해 자신의 한계를 깨닫게 된다고 했다.

19세기 독일 남자의 우울이 21세기 한국의 주부 셀러에게까지 스며든다는 사실이 조금은 우스웠고, 조금은 위로가 됐다. 맞는 말이다. 고난이 없는 인생은 없다. 고난은 삶의 한 부분이었다. 그래도 한 번씩 속에 있는 감정이 터져 나오는 것은 어쩔 수 없었다.

어느 날 새벽, 아이가 잠든 방에서 작업대를 옮기다 발끝이 상자 모서리에 부딪혔고, 순간적으로

"하… 이걸 계속해야 하나?"

한탄이 터져 나왔다. 매출보다 큰 불안, 환율보다 높은 허무, 그리고 손익계산서에는 잡히지 않는 '엄마로서의 실격'. 하지만 질문 뒤에는 답을 쓰지 않았다. 대신 박스에 새 라벨을 붙였다. '정가 19,900원, 하단 기스 있음.'이라고 적었다. 고난을 이해하려면 일단 살아남아야 하거나 혹은 일상의 루틴을 유지해야 한다는, 아주 실용적인 결론을 내렸다. 만약 살아남지도, 일상의 루틴을 유지하지 못한다면 고난은 실패

로 둔갑할 것이 뻔했기 때문이다.

남편은 택배 기사님에게 18kg짜리 박스 네 개를 넘기며 "다 합쳐 72kg입니다."라고 했고, 나는 그 무게가 곧 우리 집 하루치 선택의 무게라는 생각을 했다. 고난을 해석해야 할 이유는 매출 보고서에 쓰인 숫자, 재포장한 박스의 종이 냄새, 그리고 하루 동안 더 돌봐주지 못한 아이의 잠든 얼굴 사이에 있었다.

도대체 고난이란 무엇일까? 왜 끊임없이 나의 삶에 개입해 나를 힘들게 만들까? 고난의 끝은 언제인가? 해피엔딩이란 과연 존재할까? 사업자, 엄마, 그리고 하나의 삶을 주체적으로 이끌어가는 한 명의 사람의 입장에서 고난에 대한 질문이 솟아올랐고, 그 고난을 이해하기 위해 나의 삶을 훑어보았다.

고난이라는 상황

인간'은 극복되어야 할 어떤 것이다.

*

니체, 차라투스트라는 이렇게 말했다

고난을 있는 그대로 마주하기

어느 날부터 '경제가 어렵다.'라는 이야기가 날마다 울려 퍼지기 시작했다.

"이번 연도 경제 성장률은 지난 연도에 못 미치겠으며…."

사업을 하기 전에는 뉴스를 잘 챙겨보는 편은 아니었지만, 지금은 경제 뉴스에 귀를 기울이게 된다. 경제 불황 뉴스는 매번 등장하지만, 들을 때마다 걱정이 앞선다. 다음 달에는 어떻게 돈을 마련하고, 어떻게 월급을 줘야할지, 아이들은 어떻게 챙겨야 할지….

경제가 어렵지 않은 적은 없지만 들을 때마다 마음의 넓이가 줄어드는 것은 사실이다. 시간이 지나면 다시 마음이 어느정도 안정은 되지만, 적어도 그 주는 허리띠를 졸라맨다. 아이들에게 한 주에 한 번 정도 사주는 치킨을 스킵하거나, 마트에서 장 볼 때 한 번은 더 고민을 하게 된다. '어떻게 될지 모르니 아껴야지.'라고 생각을 한다.

나뿐만 아니라 모든 사업자에게 불황이라는 단어는 중압감으로 다가온다. 큰 회사뿐만 아니라 동네의 작은 가게를 운영하는 사업자도 불황을 생각하면 불안이 들어선다. 월급을 주어야 할 직원들, 미래에 대한 막연한 근심, 그리고 내가 감당해야 할 책임들…. 그리고 피부로 느낄 정도로 고난이 엄습하기도 한다. 한 번은 카드값 미납한 다른 대표의 이야기를 들은 적 있다.

"정말로 밤에 눈이 딱 떠져요. 새벽 두 시에 눈이 떠져서 소파에 앉으면 아침 6시까지 잠을 잘 수가 없어요. 불안이 엄습해 오죠. 딱히 뭘 할 수 있는 것은 없는데, 그냥 잠이 안 와요. 그러면 낮에 엄청 피곤한데, 그날은 망치는 거죠. 그런데 그날만 그러면 좋은데 다음날도 그래요."

고난을 맞이하면 그 안에는 분명 불안이 틈탄다. 그리고 그 불안이 일상에 어두운 그림자를 드리우기도 한다. 한 번은 식탁에 앉아 고지서를 보며 한숨을 쉬고 있을 때,

"괜찮아, 해낼 수 있어."

남편의 말이 들려왔다. 서투른 위로였지만, 그 말 한마디가 과거의 숱한 어려움을 견뎌낸 순간들을 상기시켰다.
왜 우리는 늘 새로운 시련 앞에서 마음이 움츠러드는 걸까. 지나간 고난은 희미해 보이는데, 막상 다가올 어려움은 확연히 커 보인다. 이 낯선 불안은 어디에서 비롯되는 것인지, 그리고 우리는 이 두려움을 어떻게 이해해야 할까.

고난을 있는 그대로 바라보기 위해 시작한 일은 나를 들여다보는 것에서 시작한다. 내 생활과 감정을 정확히 파악하는 일이었다. 예를 들어 불황은 내가 만드는 것은 아니다. 여러 원인에 기인한 복잡한 경제 상황이다. 하지만 그럼에도 어떤 공통점을 찾을 수 있는데, 불황을 받아들이는 사람은 나이기 때문이다. 고난이 실제로 내 삶에 어떤 영향을 주고 있는지 구체적으로 살펴봤다. 어떨 때는 막연한 걱정으로, 어떨 때는 포기하고 싶은 마음을 만들고, 어떨 때는 불안을 극복할 수 있다는 긍정적인 마음이 피어오르기도 했다.
특히 사람들은 불황을 보면 사회 전체가 경험하는 큰 단위의 고난으로 표현했지만, 나에게는 사회 전체의 경제적 고난이 개인의 어려움으로 느껴지지는 않았다. 각 사람이 가지고 있는 삶의 모양이 다르듯이 불황이 야기하는 고난의 강도는 달랐다. 모두에게 같은 방식으로 나타난 적이 없다. 어떤 사람은 직장을 잃었고, 또 어떤 사람은 장사가 어려워졌으며, 어떤 사람은 오히려 기회를 얻기도 했다. 심지어 어떤 유튜버는 "지금이 기회입니다. 지금 투자하세요."라고 불황을 자극적으로 포장하기도 했다. 불황이라는 이름으로 나타났지만, 도대체 우리 삶에서 고난이란 무엇일까?

고난에 대해 올바른 질문

"왜 하필 나만 이렇게 고통받는가?"

거대한 운명 앞에서 자신의 고통에 대해 질문하는 것은 모든 사람이 할 수 있는 일이다. 정말 힘들다면 이런 질문을 할 수밖에 없다. 사실 질문이라기보다 내면에서 터져 나오는 힘듦과 슬픔을 반영한 탄식 같은 문장이다. 우리는 삶에서 맞닥드린 고난에 대해 하고 탄식한다. 그러나 이 질문은 옳은 질문인가?

나는 질문의 방식을 바꿔야 한다고 생각한다. 나만 이렇게 고통받는가 혹은 나만 이렇게 힘든가라는 질문은 그 질문 자체에 나와 다른 사람과 삶의 차이에 대해 먼저 대답을 해야 한다. 하지만 나의 삶과 다른 사람의 삶이 어떻게 다르며, 얼마나 고난의 강도에 있어 차이가 있는지 대답해야 한다. 연구가도 아닌 내가 이 문제에 매달려 대답하기는 어렵다고 생각한다. 심지어 고난의 강도에 따라 사람이 느끼는 어려움의 크기는 비례하지 않기 때문에 질문은 더욱더 난해해 진다. 고난은 결코 나만 겪는 예외적인 불행이 아니라, 누구나 짊어지고 가는 보편적인 삶의 일부다. 물어야 할 진짜 질문은 결국 "왜 나만 고통받는가?"가 아니라 "나는 고난에 어떻게 대처해야 할까?"일지도 모른다.

"나는 고난에 어떻게 대처해야 할까?"라는 질문에 대답하기 전에 고난에 대한 정의를 내려야 한다.

유토피아는 과연 좋은 것일까?

나는 가끔 유토피아를 떠올린다. 그중에서 죽으면 가게 된다는 세상, 저승 혹은 낙원

의 지루함을 떠올린다. 너무나 불경한 말이다. 어느 종교나 낙원, 혹은 천국을 그릴 때, 쉼 혹은 고통 없는 곳이라는 이미지를 떠올리게 한다. 삶 가운데 고생한 사람들이 죽은 뒤에 행복을 누리는 영원한 장소. 나의 빈약한 상상으로는 조금만 낙원에 살다 보면 지루한 장소아닐까 생각한다. 물론 각 종교가 이야기하는 천국이란 내 생각보다 더 깊은 종교적 의미를 지닌 곳이라는 생각을 한다. 고난을 이야기하는데 왜 우리는 천국을 생각해봐야할까? 바로 고난이나 고통이 없는 곳이기 때문이다.

천국의 모습은 종교에만 등장한 것은 아니다. 영화 〈메트릭스〉에 보면 아키텍트라는 메트릭스의 창조주가 나온다. 아키텍트는 첫 번째 메트릭스를 고통이 없는 곳으로 창조했다. 다른 말로 하면 천국 같은 행복지수 100%에 도달한 세계였다. 하지만 이곳에서 사람들은 자신의 삶을 받아들이지 못하고 모두 죽어버렸다고 아키텍트는 이야기한다.

비슷한 실험이 실제로 진행된 적 있다. 쥐들에게 유토피아를 만들어주면 어떻게 되는지 보는 실험이다. 칼훈이라는 미국의 생태학자이자 동물행동학자는 쥐가 세상으로부터 격리되었지만 최상의 환경을 만들었다. 처음에는 4마리의 쥐만 넣었지만 3,300마리까지 쥐가 늘어났다. 모든 것이 풍족했던 곳이었지만 쥐의 개체수가 급증한 이후에 새로운 문제들이 나타나기 시작했다. 스트레스를 받아서 자식을 물어 죽이거나, 번식에는 관심에는 개체가 탄생했다. 결국 이후에 개체수가 줄고, 공간의 여유가 늘었지만 여전히 쥐들은 번식에 관심이 없었다.

고난과 관련해 쥐들에게 유토피아를 만들어주는 실험은 진짜로 모든 고난을 없애지는 않았다. 사회적인 고난이 여전히 남아있었고, 유토피아라고 하지만 여전히 공간적인 제약 같은 것은 있었다. 하지만 질문을 다시 하게 된다. 고난 없는 유토피아란 정말로 우리의 상상만큼이나 좋은 것일까?

고난을 미화하지는 말자. 고난은 좋은 것이라고 말하는 것과 고난이 필요하다고 이야기하는 것은 아주 다르다. 고난이 좋은 것이라고 말하는 사람은 고난을 즐기기보다 그 이후에 오는 몇 배나 거대한 성취를 누리기 위함이다. 고난 자체를 즐기는 사람은 드물다. 고난은 좋은 것은 아니지만 삶의 조건인 듯 보인다.

성장과 맞물린 고난

고난은 인간의 삶에 필요하다는 것을 어렴풋이 감을 잡을 수 있었다. 하지만 이는 왜 필요할까?

내 친구중에는 사업을 매각하고 즐겁게 사는 친구가 있다. 사업을 매각하고 책의 마지막 장처럼 해피엔딩을 생각하는 줄 알았다.

"회사를 매각하면 완전한 행복이 올 줄 알았는데 그렇게 행복하지는 않고, 물론 돈 걱정은 없어졌지. 그래도 여전히 고난 같은 것은 있어. 자녀의 미래, 가족의 건강, 현 생활의 유지, 관계에서 오는 피곤함과 마찰, 그리고 무료함이라는 고난 같은 거."

나름 모두가 부러워하는 해피엔딩이라고 생각했는데, 고난 없는 삶은 없었다.

나는 고난을 인간의 본질이라고 생각한다. 우리가 세상에 던져진 순간(피투성, 삶을 살기로 선택하는 것이 아니라 선택과 상관없이 세상에 던져졌다는 뜻이다. 실존철학자들이 자주 이야기한다.)부터 근원적인 불안과 고난 속에 살아갈 운명을 지닌 존재다. 나도 내 인생에거 불안과 고난을 없앨 수 있다는 상상을 하지 못한다.

고난에는 두 가지가 있는 것 같다. 파괴적인 고난과 성장을 야기하는 고난. 주식 실패로 혹은 사기를 당해서 큰 고난을 겪다가 결국 삶을 마감한 사람들의 이야기를 듣는다. 혹은 책을 읽다가 보면 아주 끔찍한 이야기를 듣곤 하는데, 아우슈비츠의 유대인들 이야기다. 특히 빅터 프랑클의 《죽음의 수용소에서》라는 책을 읽으면 잔인할 만큼 생생하게 파괴적 고난의 모습이 그려져있다. 당최 인간이 이겨낼 수 없는 고난이 그려져있다. 가스실, 혹은 총살, 인종을 향한 무분별한 분노와 이로 인한 죽음은 가히 파괴적이다. 《죽음의 수용소에서》는 그중에서도 살아남을 수 있는 모습을 그린다. 아주 극한의 상황에서도 자신의 의미를 만들어 나가는 사람이 살아남았다.

성장을 야기하는 고난도 있다. 이는 인간이 버틸만한 고난이다. 스스로 극복해 낼 수 있다고 혹은 견뎌낼 만하다고 생각하는 고난이지만, '인간' 개개인이 느끼는 고난의 강도와 슬픔의 깊이는 다르다.

인간으로서 어떻게 버텼을까 싶은 고난을 이겨낸 사람들이 있다. 알바렝가는 438일을 태평양에서 표류하며 고난을 이겨냈고, 그의 인터뷰집인 《438 Days: An Extraordinary True Story of Survival at Sea》는 미국의 서평사이트 굿리드에서 만개 이상의 리뷰임에도 4.3점 이상의 고득점을 하며 환영받았다.

2012년 11월 17일, 멕시코 치아파스주 피히히아판 인근 아술 해변. 숙련된 선원 알바렝가는 30시간짜리 심해 낚시를 계획했다. 목표는 상어와 청새치, 돛새치였다. 평소 동료가 빠진 자리를 메운 이는, 성도조차 모른 채 배에 오른 젊은 어부 에제키엘 코르도바였다.

출항 직후 불어닥친 폭풍은 5일 동안 배를 덮쳤다. 모터와 휴대 전자기기는 망가졌고, 돛도 노도 닻도, 항해 등도 없었다. 조타를 위해 낚은 생선을 모조리 버리고도 배는 표류하기 시작했다. 알바렝가는 양방향 무전기로 상사에게 도움을 청했지만 배터리는 곧 죽었다.

고용주가 꾸린 수색대는 시야 불량 속에 이틀 만에 철수했다. 그때부터 두 남자는 바다에서 나는 모든 자원으로 버텼다. 알바렝가는 맨손으로 물고기와 거북, 해파리, 바닷새를 붙잡았다. 비가 오면 물을 모아 마셨고, 비가 오지 않으면 거북의 피와 자신의 오줌으로 목을 축였다. 바다 위를 떠도는 음식 조각과 플라스틱 쓰레기를 건져 올리며, 그는 자주 좋아하던 음식과 부모를 꿈으로 불렀다.

네 달쯤 지나 코르도바는 날것에 병들었다. 희망을 잃은 그는 먹기를 거부했고, 결국 굶어 죽었다. 알바렝가는 나흘 동안 죽음을 생각했으나 기독교 신앙이 그를 붙들었다. 그는 동료의 시체를 먹지 않겠다고 약속하게 했다. 하지만 여섯 날 동안 죽은 동료에게 말을 걸다 미쳐가는 자신을 두려워해 바다에 띄워 보냈다.

긴 표류 동안 그는 수차례 대양을 가르는 컨테이너선을 보았다. 신호를 보낼 도구가 없어 그저 지나가는 쇳덩어리를 눈으로 좇을 뿐이었다. 시간은 달의 그림자로만 흘렀다. 그는 삭망월을 세며 날짜를 기록했다.

열다섯 번째 삭망월이 지나갈 즈음, 수평선의 잿빛이 섬의 윤곽으로 바뀌었다. 작고 황량한 땅, 마셜 제도의 외딴 구석이었다. 2014년 1월 30일, 알바렝가는 배를 버리고 헤엄쳐 해변에 닿았다. 현지 부부의 해변가 집이 그의 표류에 마침표를 찍었다. 그의 바다는 438일이었다.

사람들은 그의 항해 거리를 5,500에서 6,700마일, 8,900에서 10,800킬로미터로 계산했다. 구조 직후 그의 활력 징후는 혈압만 낮았을 뿐 대체로 양호했다.

이런 사람들에게 고난은 삶에 생채기를 내지만, 그럼에도 인간은 극복하고 성장한다. 고난 속에서 자신의 이야기를 만들어내기 때문이다. 남자들이 그렇게 군대 이야기를 하는 것도 이해는 된다. 자유를 강제로 억압받는 상태에서 자신의 의미를 발견하고 성장을 이뤄내었기 때문 아닐까? 군대 다녀오면 뭐든 이룰 수 있다는 마음이 든다고 하는데 이 또한 성장의 결괏값처럼 보인다.

고난은 어느 방향으로 나아가는가?

답은 정해져 있다. 고난은 인간 성장의 방향으로 이끈다. 비록 파괴적인 고난은 인간을 실패와 죽음으로 내몰지만 성장으로 이끄는 고난도 있다. 나의 경험상 느끼기에는 천재지변이나 인간의 힘으로 어찌할 수 없는 것들을 제외하고 나면 일상생활에서 만나는 고난은 대부분 이겨낼 수 있는 고난이었다. 몇천만 원을 빚지는 경험을 하기도 했지만, 나도 이겨낼 수 있었다.

자기 계발은 철학이다. ISBN 분류 코드를 살펴보면 철학에 자기 계발이 들어와있다. 정말 웃기다고 생각하는데 두 분야는 아주 사이가 나쁘다. 나의 친구인 사장 몇 명은 자기 계발서를 냈는데 비판 댓글이 가끔 달린다.

"이런 책을 내다니."

철학 독자들은 자기 계발서를 가볍다고 싫어하고, 자기 계발서 독자들은 철학책이 어렵다고 한다. 하지만 철학은 자기 계발을 포함하고 있고, 자기 계발은 철학의 자녀이다.
칼 야스퍼스라는 철학자는 이런 이야기를 했다.

> 한계상황은 보통 공포·죄책감·극심한 불안을 동반하는 어떤 순간이다. 그때 인간의 정신은 지금까지 의지해 온 형식들의 제약과 병적인 협소함을 정면으로 마주한다. 그 한계가 주던 안전을 내려놓음으로써, 새로운 자기의식의 영역으로 들어선다.
> 스탠퍼드 철학사전, '칼 야스퍼스'

철학이라고 하지만 자기 계발과 맞닿아 있다. 칼 야스퍼라는 철학자는 한계상황 즉 자신이 어떻게 하지 못하는 고난과 비슷한 상황이다. 더 이상 자신이 어떻게 해야 할지 모르는 상황이다. 자신이 여태까지 쌓아왔던 세계와 지혜가 통하지 않는 상황이다.

야스퍼스의 말에 따른다면 고난은 새로운 자기의식으로 이어진다.

사업을 하다가 가장 많이 듣는 조언은 '버텨라.'다. 처음에는 정말 쓸모없는 조언처럼 들렸다. '현 상황을 타개할 방법을 알려줘야지. 버티라니. 조언같지도 않은 조언을 하다니.' 제법 냉소적이고 현실적이라, 특히 사업을 하면서 더욱 현실적인 생각을 하게 된 이후 어쭙잖은 조언을 들으면 가끔 화가 난다. 하지만 '버텨라.'라는 조언은 모든 사업자가 동료 사업자에게 특히 연차가 쌓인 사업자가 후배같은 사업자에게 하는 조언이다. 버티면 바뀐다.

고난에서 버티다보면 어느날 갑자기 일이 잘 풀리는 경우가 있다. 나는 이 버티는 과정이 단순하게 정말 버티기가 아니라 고난을 감내해 나가면서 자기의식이 확장되는 순간을 의미한다는 것을 깨달았다. 진짜 버티다보면 (악다구니가 생기긴 하지만) 내가 생각했던 세계가 변화하는 순간을 맞이한다. 칼 야스퍼스가 말한 '새로운 자기의식'의 영역이다.

고난에도 방향이 있나? 있다. 고난에는 방향이 있다. 바로 자기 갱신, 즉 새로운 자기의식으로 향한다.

불안, 고난의 파편

우리는 알 수 없는 미래와 자유의 가능성 앞에서 근원적인 떨림을 느낀다

키에르 케고르, 불안의 개념, 1844, 72.

알랭 드 보통은 불안은 욕망의 하녀라고 말한다. 욕망하는 것이 있으면 불안이 생기는 것은 당연하다. 욕망이 없는 인간은 없다. 더 나은 삶, 더 많은 행복을 원하기 때문에 인간은 욕망이라는 동력을 사용한다.

처음에 내가 쿠팡을 시작했을 때도 비슷하다. 용돈 좀 더 벌어보자는 마음으로 시작했다. 작은 용돈, 한 30만 원 정도의 이윤이 남으면 삶이 더 윤택해 질 것이라고 생각했다. 그

인스타그램이나 유튜브에서 광고하는 부업 말이다. 나도 그렇게 시작했다. 그러다가 결국은 회사를 나오고 사업을 하기 시작했다.

  욕망을 거절할 필요는 없다. 욕망이라는 단어가 그려내는 이미지가 선한 이미지가 아니라서 막 일상에서 쓰기는 그렇지만, 더 많은 행복, 더 많은 돈, 더 나은 환경을 원하는 모든 것을 통틀어 욕망이라고 말한다면, 굳이 숨길 필요는 없다. 2023년 전후로 코로나가 한국을 강타하면서 도서 계에 자기 계발서 바람이 불었다. 켈리 최나 김승호, 혹은 자청 같은 사업으로 성공한 사람이 책을 내고 그 책들이 베스트셀러가 되면서 사람들은 자신의 욕망을 숨기지 않는 풍토가 생겼다. 엄청나게 많은 사람들이 돈에 대한 자신의 욕망을 숨기지 않기 시작했다. 이전까지만 하더라도 돈을 사랑하면 '천박하다.'라고 말하기도 했지만, 지금은 '돈이라는 가치를 낮게 평가하는 사람은 사기꾼일 수 있으니 조심하라.'라는 인터넷 명언까지 떠돌고 있다. 그럼에도 자신의 욕망을 드러내놓을 수 있는 사회가 되어 사업자로서 마음이 편하다. 내 속마음을 더 잘 드러낼 수 있기 때문이다.

  욕망은 사람을 움직인다. 개개인이 더 낫다고 생각하는 방향으로 이끈다. 돈을 벌고 싶어 하는 것, 혹은 서울에 자가를 마련하는 것도 욕망이다. 물이 잔잔하면 아무일도 일어나지 않는다. 잔잔한 물은 심지어 고여있다면 그 생명력을 잃기도 한다.

고난이 시작될 경우에는 우리 마음에 싹이 움튼다. 고난은 불안을 만든다. 불안은 단순히 삶의 어려움 때문에 생기는 막연한 공포가 아니라, 내가 아직 무엇을 할 수 있을지 모른다는 '가능성' 자체가 만들어내는 내적 흔들림이다.

중국발 선적 지연 알림이 한 통 도착했다. 휴대폰 화면 위로 '예상 통관일 미정'이라는 문구가 울렸다. 심장의 한쪽이 비는 느낌이었다. 물건이 통관이 막히면 쿠팡 정산은 밀리고, 정산이 밀리면 카드 결제일에는 다가온다. 숫자는 아직 현실이 되기 전이지만, 몸은 벌써 떨림을 선불로 치른다. 커피포트가 윙 하고 끓는 소리, 옆방에서 자는 아이의 가벼운 숨소리, 그리고 채 열리지 않은 택배 상자 46개의 골판지 냄새가 공기 속에서 뒤엉켰다.

남편은 졸린 목소리로

"일단 통관 상황 봐 가면서 가격 재조정하면 되잖아."

라며 다시 이불 속으로 숨었지만, 나는 노트북 앞에 앉아

스프레드시트를 열었다. 예상 손실 칸을 클릭하려다 손을 멈췄다.

내가 생각했던 대로 돌아가지 않으면, 미래에 대한 불확실성과 함께 '내가 과연 이 일을 계속해 낼 수 있을까?'라는 물음이 스스로를 향해 돌아온다. 고난이 야기한 불안은 나에게 이런 방식으로 돌아왔다. 나는 분명 계획을 세웠고 이 계획만 잘 따르면 더 이상 문제가 될 것은 없다고 생각했다. 중국에서 물품이 들어오면 바로 수일 내로 한국에 물품을 유통할 생각이었다. 하지만 생각과 다르게 돌아갔다. 시작부터 삐걱였고, 미래는 오리무중이 되었다.

미래는 일어나지 않을 가능성이다. 가끔 우리는 미래가 한 방향으로 나에게 올 것으로 생각한다. 재정 계획이나 학습 계획을 세워놓고, 이렇게 하면 무조건 5년 내에 집을 사거나 고득점을 만들어 낼 수 있을 것이라 예상하지만 그렇게 흘러간 적이 있었나?

그렇지 않다. 불안은 미래의 가능성 때문에 생긴다. 중국에서 오는 물품도 도착하는 것이 당연하지만 오지 못할 가능성이 있는 것은 당연하다. 결국 불안이 등장하는 이유는 내가 조절하지 못하는 미래에 대한 반응이다. 고난은 어떠한가? 고난은 더욱이 불안을 잉태할 수밖에 없다. 고난 자체도 내가 생각하는 삶은 아니었을테니.

우리는 고난 속에서 자신이 얼마나 무력하고 나약한 존재인지 깨닫는다. 지금까지 믿어왔던 삶의 안정감과 확신은 순식간에 허물어지고, 우리를 둘러싼 세계는 낯설고 차갑게 변한다. 무기력하니 더욱 불안은 우리를 타고 들어올 수밖에 없다. 나는 불안이 삶의 밑바닥 즉 자신의 무력함과 직면할 때 느끼는 두통 같은 것으로 생각한다. 할 수 있는 것이 없으니 불안할 것 외에는 달리 방도가 없다.

키에르케고르는 우리가 미래를 알 수 없고, 여러 갈림길로 나 있는 미래의 가능성 앞에서 인간은 내면 깊숙한 곳에서 올라오는 감정을 느낀다고 한다. 키에르케고르는 '근원적인' 감정이라고 했는데, 나는 불안이 곧 그런 감정이라고 생각한다. 인간이 갖는, 내면에 가지고 있을 수밖에 없는 감정 말이다.

인간은 자신의 미래를 통제하고 싶어 한다. 어떻게 해서든 자신에게 야기될 고통을 피하고 싶어 한다. 어떤 친구들은 타로를 보고 왔다고 이야기를 했다. 타로를 보는 동안 어떤 남자와 결혼할지, 어떤 사람은 만나지 말아야 할지 조언을 듣는다. 자신의 운명을 통제하고 싶어하는 것이다.

난 가끔 과거의 지혜가 지금보다 뒤처지지 않는 것 같다. 그리스 로마 신화를 보면 모이라라는 운명의 세 여신이 나온다. 아이가 어릴 때 보던 디즈니 만화 중에 헤라클레스가 있다. 헤라클레스에서 모이라 라는 운명의 여신 3명이 나오는데, 이들은 실타래 가지고 있다. 이 실타래는 인간의 목숨줄이다. 모이라가 실타래를 끊으면 인간은 죽고 저승으로 향한다.

운명의 여신은 세 명이다. 운명들의 여신들이라고 불러야 더 정확한 표현이라 생각한다. 우리가 운명이라고 말하는 것은 사실 그리스에서는 하나가 아닌 여러 갈래 길이었다. 가능성인 셈이다. 키에르케고르가 말한 미래의 가능성까지는 아니지만, 운명의 방향이 하나가 아니라는 것을 재미있게 표현했다고 생각한다.

내가 장사를 하게 된 것은 하나의 운명이다. 너무 재미가 있어서 다음 생애에도 장사를 할 수 있다면 좋을 것 같다. 누군가

"다음에 태어나도 같은 일을 할 거예요?"

라고 클래스에서 물어본 적 있다. 나는

"당연히 그렇죠. 또 할 겁니다."

라고 대답을 했다.

운명이라고 말하는 것은 보통 일이 일어난 이후에 그건 운명이었어 라고 말한다. 가능성으로 남아 있던 미래는 다 지나고 나면 하나만 남는다. 이 세상에는 과거를 불안해하는 사람은 없다. 도둑이라면 과거에 저지를 일 때문에 미래에 받게 될 형벌을 두려워하며 불안에 떨지만, 과거를 불안해하는 사람은 아무도 없다. 잘 못 본 시험을 불안해하는 학생은 이에 따라 떨어질 대학이나 부모님에게 들을 질타가 불안할 뿐이다. 불안은 다분히 미래 지향적이다. 고난은 지금 받고 있지만 앞으로 어떻게 될지 몰라 불안한 것이다.

운명들의 세 여신들인 모이라는 유일하게 제우스의 영향권 바깥에 있었다. 제우스도 어떻게 하지 못한다. 물론 제우스가 인간의 모습을 본떠 만든 신화이기 때문에 그럴 수 있겠지만, 신이 운명을 어떻게 하지 못한다는 것은 참 재미있지 않나 생각한다.

자본주의 사회에서 신이라고 불릴만한 사람은 돈이 정말로 많은 사람이다. 하지 못할 일이 없다. 인스타그램에 나오는 자랑을 업으로 삼는 사람들 말고 말이다. 인스타그램에서 포르쉐를 몰로 두바이에서 카지노를 하며 매일 파티를 하는 삶을 사는 사람들은 부자는 맞지만, 신이라고 불릴 위치는 아닌 것 같다. 물론 진짜 신은 아니지만 우리보다는 더 많은 자유를 누리는 사람들, 일론 머스크, 마크 저커버그 같은 사람들이 정말 신과 같은 지위를 누리는 사람이다.

마크 저커버그를 보면 잠깐 안타까웠던 적이 있다. 트럼프 행정부 2기가 출범하고 트럼프 대통령의 초대를 받은 마크 저커버그의 모습이 뉴스를 탔다. 마크는 트럼프 대통령에게 엄청난 규모의 투자를 약속했고, 트럼프 대통령은 몹시 흡족해했다. 그런데 나중에 마크는

"준비 없이 대답해서 죄송해요."

라고 떨리는 모습을 보였는데, 마치 투자금을 너무 크게 불렀으니 적당히 조절하겠다는 뜻으로 보였다. 마크는 평소에 표정이 없는 사람으로 유명하다. 매일 파티를 열고, 동네 자기 주변의 집들을 모조리 사드리며 주변의 질타를 받았다. 신과 같은 지위를 누리고 있었는데, 마크가 흔들리는 눈빛을 보이다니. 그도 이런 날이 올 줄은 몰랐을 것이다. 그야말로 운명은 신보다 위에 있다는 말을 살짝 체감했다.

불안은 알지 못하는 미지의 가능성 앞에 백지 같은 자기 모습을 만날 때 드러나는 마음의 두통 같은 것이다. '내가 이렇게 보잘것없는 사람이었나.'라고 생각하게 되고, 무력감과

고통이 밀려온다. 고난을 마주한 인간은 불안을 피해 갈 수 없다.

2020년 Global Entrepreneurship Monitor(GEM) 보고서에서 전 세계 소규모 사업자 55%가 "코로나19 이후 '사업 지속 여부'를 심각하게 재고했다."라고 답했는데, 주된 이유로 '미래 수익원 상실에 대한 불안'을 꼽았다. 같은 맥락에 《Journal of Health Economics》(2013)에서 발표한 미국 패널 연구도 경기 침체기에 직업·소득 불안정이 높아질수록 "자기 효능감 저하와 정체성 혼란이 동반돼 우울·불안 위험이 최대 2.3배 커진다."고 보고했다. 두 조사 모두 경제적 위기가 단순한 재무 스트레스를 넘어 "이 일을 계속할 수 있을까?"라는 불안을 야기한다는 사실을 보여준다.

불안도 힘이 있어야 한다

불안이 늘 나쁜 것은 아니다.
"불안은 그저 괴로움을 주는 감정이며, 인간에게 해롭다."
불안을 가능하면 멀리하려는 사람들이 이런 시각을 가지

고 있다. 공포심을 가능한 한 줄이고, 긍정적인 사고방식만으로 위기를 돌파하는 것이 바람직하다고 말한다. 하지만 불안은 아직 내 안에 에너지가 남아있다는 뜻이기도 하다. 정말로 엄청난 재정 위기가 닥친 적이 있다. 쿠팡은 기간을 두고 돈을 정산하기 때문에 정산 전까지 현금을 잘 아껴두어야 한다. 하지만 현금이 펑크가 난 적이 있었다. 물품 대금은 지불을 해야하는데, 정산 날은 멀었고, 그렇다고 물품 대금을 지급하지 않으면 한 달 분량의 매출에 펑크가 나서 재기하기 힘들 지경이 된다. 정말로 할 수 있는 것이 아무것도 없었다. 이때 한 번 크게 자포자기했는데, 진짜 '실패'라고 생각하면 불안하지도 않다. '에이 끝났다. 어떻게든 되겠지.'라는 생각을 하게 된다. 불안하다는 것은 그나마 내 내면에 아직 에너지가 있다는 뜻이다.

고난 속에서 불안은
"내가 과연 이 일을 계속해 낼 수 있을까?"
라는 물음을 던지게 하는 경우가 있다. 표면적으로는 생계 유지 가능성을 따지는 현실적 계산처럼 보이지만, 질문이 향하는 곳은 '지금까지 만들어 온 나의 정체성'이다. 어떤 회사에서 퇴직을 해야할 경우에 '내가 사회 밖에서 일을 잘할 수 있을까?'라는 질문은 자기 정체성에 관한 질문이다. 대부분 자신의 정체성을 회사 밖에서 찾으라고 하지만, 인간은 대부분 일터에서 자신의 정체성을 찾게 된다. 공부라는 일을 하는 학생, 대학생, 집에서 일을 하는 주부, 회사에서 일을 하는 회사원, 부모의 역할을 수행(일)해야 하는 엄마, 아빠. 인간은 늘 일에서 자신의 정체성을 찾아온 것 같다. 명함을 건네는 일이 있으면, 하는 일에 따라 직급이 달라지고 대면하는 사람도 달라진다. 일이란 단순한 수입원이 아니라 일상 리듬, 사회적 지위, 관계망, 자존감을 구성하는 거푸집이 되기 때문에 일에서 분리되는 순간 우리는 곧바로 삶의 불안을 맞이하게 된다.

일 속에서 자신의 이야기를 쌓아왔기 때문이다. 사회 초년생의 이야기를 다룬 미생이 인기가 많았던 이유는 자신만의 이야기를 쌓아온 방식이 그 누구보다도 나와 닮았기 때문 아닐까?

고난 속 불안에서 인간은 자신의 새로운 이야기를 찾는다. 자신의 능력에 대한 믿음(자기 효능감), 미래 서사를 설계하던 세계관, 가족·고객·동료에게 맡은 역할까지 연결고리가 일시에 위태로워졌지만, 다시 자신을 돌아보고 백지에서 시작한다. 은퇴 후 우울이 찾아오지만, 이를 극복하고 새로운 자기 이야기를 찾는다. 우리는 스스로 의미를 만들며 나간다. 의미를 만들어내는 창조자이다. 일과 정체성을 동일 선상에 두고 있던 나의 의미가 깨지더라도, 바로 그 균열 지점에서 사람은 이전의 삶을 재해석하거나 새로운 '나'의 가능성을 탐색하게 된다.

새로운 발걸음을 떼고, 새로운 말을 내뱉는 것
사람들이 가장 두려워하는 일이다.

*

도스토옙스키, 죄와 벌

'긍정적 비관주의자'

　사람들은 흔히 미래를 긍정적으로 바라보거나, 혹은 극도로 비관하는 두 가지 극단적인 시선에 머무르곤 한다. 지나치게 낙관적이면 위험 징후를 놓치게 되고, 지나친 비관은 자기 확신을 상실하게 만든다.

　비관이야 싫어하는 사람은 많다.

　"사람이 그렇게 비관적이어서야 되겠어?"

　"비관적인 것보다는 낙관적으로 밝은 미래를 생각하는 게 좋지."

　비관적인 생각은 극복의 대상이다. '안 될 거야.'라는 친구에게 등을 토닥이며 떡볶이 한 접시를 사주던가, 아니면 화를 내며 쓴소리를 하는 경우가 많다. 다 잘되라고, 격려하는 것이다. 우리 딸도 운동을 좋아하는데 맨날 승리하지는 않는다. 진짜 잘하는 사람이 상대팀으로 나오면 기죽는 경우도 있지만 '할 수 있다.'라고 용기를 준다. 비단 평소의 생활뿐 아니라 철학자도 그런 경우가 있다. 예전에 쇼펜하우어의 철학이 도서 계를 강타한 적 있다. 쇼펜하우어는 MBTI를 측정하면 T가 100% 나올 사람일 것이다. 물론 쇼펜하우어는 MBTI 측정도 거부할 사람 같다. 유명한 명언들이 몇 개 가져왔다.

인생은 고통과 권태 사이에서 왔다 갔다 하는 시계추와 같다.

불행과 고뇌를 겪을 때 누구나 할 수 있는 가장 효과적인 위안은 우리보다 더 불행한 자를 바라보는 것이다.

사람들은 자신의 내적 만족이 부족할수록 남들에게 행복한 사람으로 보이기를 바란다.

독서는 스스로 사고하기의 단순한 대용품에 불과하다. 독서를

하면 남의 생각에 자신의 사고가 끌려다닌다.

 이렇게 비관적인 사람이 있을까? 니체는 자신의 과제를 쇼펜하우어를 뛰어넘는 것으로 삼았을 정도로 극단적인 비관론을 극복하고 싶어 했다. 쇼펜하우어 같은 경우는 염세주의(세상과 인생이 본질적으로 불합리하고 고통으로 가득 찬 곳이라고 보는 세계관)라고 보는 사람도 있다. 어쨌든 극복해야 할 것은 맞다. 지나치게 우울에 빠진 사람 옆에 있으면 나도 힘이 빠지니 피하고 싶어지니까.

 낙관은 그저 좋은 것이라고 생각한다. 그리스 신화의 파에톤과 태양 마차가 낙관주의가 갖는 비극을 보여준다. 파에톤이 아버지 헬리오스에게 '내일은 내가 태양 마차를 몰겠다.'는 당돌한 소원을 말했을 때, 사람들은 그의 열정을 칭찬했다. 그러나 하늘 높이 오른 파에톤은 곧 말들의 속도를 제어하지 못했고, 태양 수레는 지상을 스치며 대지를 불태웠다. 제우스가 번개로 그를 떨어뜨려 인류를 구했지만, 무모한 낙관이 남긴 건 파에톤의 죽음, 사막과 화상뿐이었다.

 셀러 강의를 하면 모든 학생에게 할 수 있다는 이야기를 한다. 늘 할 수 있다고 힘내라고 하지만, 오히려 이런 이야기가 통하지 않는 경우도 있다. 너무 낙관적으로 본 나머지 '나는 처음부터 대박을 터트릴 거야.'라고 생각하는 부류다. 장밋빛 미래를 생각하며 대박에 집중한 나머지 조금만 자신이 원하는 결과가 나오지 않아도 쉽게 포기하는 사람들이 있다.

낙관론과 비관론 사이 제3의 길

크루즈게작트(Kurzgesagt)라는 과학 및 철학을 소개하는 유튜브가 있다. 크루즈게작트에서 낙관적 허무주의라는 철학적 관점을 소개했다. 낙관적 허무주의는 인간이 거대한 우주와 유한한 수명을 깨닫고 느끼는 존재론적 두려움을 다룬다. 우주는 우리를 위해 설계되지 않았고 우리는 대략 5,200주 남짓의 짧은 시간을 산다. 모든 사람은 죽을 수밖에 없고, 죽은 이후 어떻게 될지 몰라 우울을 부를 수 있지만, 낙관적 허무주의는 동시에 자유를 준다. 우리가 부끄러워하는 실수와 망신 또한 우주적 관점에서 사소해지고, 아직 모르는 것이 많다는 사실은 탐구와 창조의 이유가 되기도 한다.

낙관적 허무주의는 우주에 본래적 의미가 없을 가능성을

인정하면서도 그 공백을 우리 스스로의 가치·원칙·목표로 채우자는 태도다. 소크라테스가 '너 자신을 알라.'라고 이야기했던 것과 비슷하다. 스스로 의미를 찾아가는 것이다.

이 태도는 비관적인 관점과 낙관적인 관점의 양쪽에서 발생하는 방종을 정당화하지 않는다. 될 대로 되라도 아니고, 무조건 잘되리라는 것도 아니다. 환자의 고통을 덜게 하는 일, 아이를 돌보는 일, 아름다운 것을 창작하는 일은 어떠한 명령이 없어도 인간이 해야 할 일이다. 오히려 실패의 두려움을 줄여 더 멀리 가게 만든다.

이와 비슷하게 비관론과 낙관론 사이에 '긍정적 비관주의자'라는 흥미로운 태도가 있다. 다가올 일이 반드시 희망적이지만은 않다는 점을 솔직히 인정하면서도, 현재를 살아가는 자세만큼은 적극적으로 갖추려는 태도를 말한다. 미래를 달콤한 전망으로만 채색하지도 않고, 그렇다고 냉소와 체념으로 물들지도 않는다.

외부 환경이 어떠하든, 스스로가 어떤지 모르는 상태야말로 진정한 불행이다. 긍정적 비관주의 역시 '미래를 전적으로 장밋빛으로만 바라보지 않는다'는 면에서 출발하지만, 그렇다고 해서 내면을 포기하지 않는다. 오히려 막연한 낙관

대신, 가능하면 벌어질 수 있는 어려움을 예상하고 대비함으로써 스스로를 더욱 분명히 자각하게 된다.

'긍정적 비관주의'를 옹호하려면 먼저 무지 속의 낙관이 왜 문제인지를 드러내야 한다. 인간은 언제나 일부만을 알 수 있다. 모든 것을 알고 있는 사람은 없다.

사업을 하는 동안 나의 무지를 늘 깨닫는다. 캐릭터 키링을 팔았던 때, 유명한 캐릭터를 사용하면 당연히 매출이 오를 것으로 생각했다. 공장을 계약하고, 캐릭터 상품을 띄어다 팔았다. 세상에 무조건이라는 말은 없다. 잘 팔릴 줄 알았는데, 유명 캐릭터임에도 불구하고 우리 제품을 사는 사람이 없었다. 적당히 광고를 돌려도 팔리지 않아서 재고가 많이 쌓였다.

"정말로 내가 아는 건 하나도 없구나."

매일같이 지나갔던 길을 더듬어 가며 일을 한다. 그때마다 새로운 문제, 새로운 결과가 나온다.

'미래는 이렇다.'라고 온전히 드러내지 않는다. 가능성으로만 남아있을 뿐이다. 낙관적으로 미래의 가능성을 오직 장밋빛으로 가정한다면, 이는 다양한 가능성이 결여된 공허에 불과하다.

부정적인 상황에서 정체성 확립하기

　나는 일을 저지르고 보는 사람이다. 30% 정도만 준비가 되면 바로 일을 시작한다. 빠른 행동이 장점이지만, 계획없이 바로 실행하는 것이 단점이다. 분명 누군가에게 부정적으로 보일 '즉흥성'이 나의 정체성이기도 하다. 누군가에게 긍정적으로 보이는 것만이 정체성은 아니다.

　부정적인 성격을 통한 자기 확립은 보통 자신의 한계 자각을 통해서 나타난다. 낙관은 자신의 한계를 지운다. 긍정적인 세계에서 나는 무엇이든지 될 수 있다. 마치 어린이 같지 않은가? 자신의 한계를 생각하지 않고, 슈퍼맨이나 스파이더맨이 되고 싶어 하는 아이 말이다. 낙관의 성격은 '무엇이든지 할 수 있다.'는 생각에 있다. 혹은 당연히 장사가 잘될 것이라는 낙관은 자기 성장의 발판인 '자기 한계'를 의식하고 극복할 가능성을 외면하는 꼴이다.

　비관만 할 경우에는 스스로 경직된다.

　"나는 안돼."

　이런 생각을 가지고 있는 학생을 가끔 만난다. 정말 허무맹랑한 것이 아니라면, 특히 월 200만 원 정도를 더 번다고 생각한다면, 물론 몸은 고되겠지만, 이룰 수 있다. 비관적인 생각을 가지고 있는 사람은 보통 이런 가능성 자체를 배제한다. 마음을 먹으면 행동을 하게 되고, 행동은 새로운 가능성을 만든다. 비관은 마음 먹는 것 자체를 막는다. 움직이지 않는 것이 아니다. 오히려 비관만 할 경우는 부정적 자기 예언을 현실화한다.

쿠팡 셀러가 되는 과정에서 처음에는 당연히 얼마 안 되는 돈을 벌 수밖에 없다. 작은 돈이지만, 더 노력하려고 마음을 먹는 사람, 혹은 이거밖에 못 버냐고 스스로 자책하는 사람 두 부류가 있다. 누가 더 행동하기 쉬울까? 모든 것에 비관적인 허무주의는 반드시 사업자 혹은 자신의 미래를 개척하는 사람으로서 경계해야 할 태도이다.

'긍정적 비관주의'는 두 극단을 거부하며 실천적 균형을 지향한다. 발생 가능한 부정성을 이성적으로 상정해 위험을 계산하되, 그 계산이 행동 동력을 잠식하지 않도록 감정·가치를 재배치한다. 쉽게 말하면 암울한 미래를 생각하더라도, 현실의 태도는 긍정적으로 가져가는 것이다. 과거의 자기 계발이 행동을 통한 미래의 낙관을 약속했다면, 긍정적 비관주의는 약속된 미래와 현재 행동의 연결고리를 상정하지는 않는다. 발생 가능한 부정성을 이성적으로 상정해 위험을 계산하되, 그 계산이 행동 동력을 잠식하지 않도록 자신을 조절할 줄 아는 태도다. 외부에는 마치 낙관주의처럼 보일 수 있겠지만, 그 내면에는 미래 불확실성 속에서도 자율성 있는 사람으로 남을 수 있게 한다.

> "비극을 맞닥뜨리는 순간이야말로 존재를 전면적으로 긍정할 수 있는 기회가 될 수 있다"
>
> **니체, 즐거운 학문 (1882, p. 104)**

니체는 비관적인 현실 자체를 부정하는 것이 아니라, 그 안에서 삶의 의지와 적극성을 발견하라고 조언한다. 비극을 고난이라고 바꿔 말해보자. 고난을 맞닥뜨린 순간에 우리는 자신을 긍정할 수 있는 기회를 갖게 된다. 여기서 긍정은 미래를 낙관적인 모습을 갖는 태도를 말하는 것이 아니라, '나는 이런 상태에서도 나로서 존재할 수 있다.'라는 긍정이다. 긍정적 비관주의는 바로 이러한 역설적 태도와 맞닿아 있다. 미래가 항상 좋은 쪽으로 흐르지 않을 것임을 인정할 때, 우리는 오히려 더 치열하게 도전하고 자기 한계를 넘어설 동력을 얻는다.

누구는

"미래를 긍정적으로 바라보는 게 훨씬 생산적이지 않은가?"라고 반문한다. 대부분의 자기 계발서의 논리와 같다. 아래와 같이 몇몇 태도를 도식화해 본다.

낙관적으로 생각하고 태도는 비관적이다.	낙관적으로 생각하고, 태도도 낙관적이다.
비관적으로 생각하고, 태도도 비관적이다.	비관적으로 생각하고, 태도는 낙관적이다.

 위의 사분면을 살펴보더라도 가장 매력적으로 보이는 태도는 낙관적으로 생각하고, 태도도 낙관적이다. 낙관적인 태도는 스트레스를 줄이고, 정신적 건강에도 이롭다는 연구 결과가 있으니, 불필요하게 비관을 섞는 것은 사람을 더 움츠러들게 만든다는 주장이다. 현대 자기 계발서도 그리고 꿈꾸고 끌어당기라고 말한다. 그렇게 삶이 변하는 사람들도 많다.

 몇 달 전 창저우 공장에서 보조배터리 2,500개를 계약했다. 통관대기 송장에 "추가 안전 검사 필요"라는 붉은 스탬프가 찍혀 있었다. 불길한 예감은 정확했다. 검사관은 샘플 100개 중 27개가 안전한 온도를 넘어섰다며 전량 보관 조치했다.

"이러면 보관료만 하루 10만 원이야."

남편이 고개를 떨궜다. 순간 1,286만 원이 떠올랐다. 아이 학원비 두 학기, 우리 부부 한 해 적금 목표가 한꺼번에 증발할 금액이었다.

"당연하지, 사업이 언제 내가 마음먹은 대로 된 적이 있나?"

차가운 창고에서 나와 트럭 안에 앉자마자 나는 핸드폰을 켜고 라이브 스트리밍을 열었다. 구독자들에게 상황을 그대로 보여 주기로 했다.

"여러분, 배터리 2,500개가 전량 묶였어요. 어차피 숨길 일도 아니니, 실패 보고서부터 씁니다."

화면 너머 채팅창에 '헉', '힘내세요'가 쏟아졌지만 손끝은 오히려 차분했다. 공장에는 계약서의 'FOB 이후 책임' 조항(선적 이전에는 판매자 책임임을 명시하는 조항)을 내세워 환불을 요구했고, 결국 40%를 돌려받았다. 남은 돈으로는 불량 위험이 적은 USB 발열 손난로 300개를 소량 테스트

발주했다.

　보름 뒤, 판매 첫날 손난로 300개 중 246개가 나갔다. 반품은 단 두 건. 무엇보다 영상을 통해 나눈 소싱 실패가 입소문을 타면서 구독자가 13% 늘었다.

　만약 낙관적이고 태도도 낙관적이었다면, 물론 잘 되었을 수도 있지만, 그렇지 못할 경우 정신적인 타격이 컸을 수 있다. 그리고 어떻게든 되겠다는 태도를 가졌을 수도 있다. 낙관적으로 미래를 생각하고, 낙관적인 태도만 가진다면, 실패에 대한 수용성이 떨어진다. 비관적으로 생각하고 비관적인 태도는 말할 것도 없다. 아마 늪에 빠져 허우적 거렸을 것이다. 오히려 내가 미래에 대한 비관을 가지고 있지 않았다면 전량 문제가 발생했을 때 대응하지 못했을 것이다. '그렇지, 이런 일이 일어나는 것은 부지기수야.'라고 생각하고 현실에서 태도를 낙관적으로 가져가니 극복에 대한 의지도 피어날 수 있었다.

　"역경을 앞서 상상해 본 사람은 더 강인하다.

　그는 어떤 일도 새롭게 맞지 않고, 모든 일을 이미 기다렸던 것처럼 받아들인다."

세네카, 도덕 서한집, 13.6

모든 일을 기다렸다는 듯이 마주하는 사람은 미래에 대한 비관론자일 수 있다. 최악의 상황을 상정하는 사람이다.

중국에서 구매해 온 지갑이 너무 잘 팔린 적이 있다. 너무 잘 팔려서 나는 대박이 났다고 생각했고, 주변에서도 축하 일색이었다.

"어떻게 그렇게 많이 팔아요."

"이제 부자네요."

나는 정말로 기고만장했다. 낙관적인 미래를 그렸다. 앞으로 좋은 차를 타고, 아이들도 영어유치원에 보낼 수 있고 말이다. 곧 억대 부자로 인터뷰도 할 것 같은 기분이었다. 하지만 이 극단적인 낙관은 나의 잔인한 현실을 가렸다.

쿠팡에서 물품이 3억 원 어치가 필요하다는 것이다. 내가 이 3억 원어치의 물품을 어떻게 구매할 수 있을까? 나는 3억 원의 물품을 구매할 여력이 없었고, 주변에 손을 벌렸다. 주변 사람들은 그렇게 잘되면서 왜 돈이 없냐고 이야기를 했다. 내가 조금만 더 소비를 줄였다면 아마 3억원을 마련할 수 있었을지도 모른다. 하지만 지나친 낙관으로 낭비하게 되고, 부모님께 3억을 빌린 후에야 겨우 돈을 마련할 수 있었다. 이후 나는 미래의 비관적인 면을 보기 시작했다.

정리해 보면 긍정적 비관주의자는 결코 모든 희망을 버리는 태도가 아니다. 다만 어떤 위험도 없을 것이라는 막연한 확신이 가져올 수 있는 손실을 미리 의식한다. 미래를 전적으로 낙관한다면, 잠재된 위험을 제대로 인지하지 못해 필요할 때 재빨리 대처하기 어렵다. 반면, 현실의 부정적 가능성을 염두에 둠으로써 더 유연한 전략과 대비책을 마련하는 것이 가능해진다. 이는 단순한 불신이나 체념이 아니라, 삶을 좀 더 확장적으로 준비하는 방식이라 볼 수 있다.

큰 배의 선장은 바다를 항해해야 한다. 파도가 잔잔할 때만을 상상하며 준비하면, 실제로 거대한 폭풍이 불어닥쳤을 때 배가 속수무책이 된다. 그렇다고 "어차피 큰 풍랑에 휩쓸릴 테니 포기하자."는 심정으로 아무것도 하지 않는다면 목적지에 도달할 수 없다. 결국 "폭풍우를 만날 가능성이 높다"는 사실을 염두에 두되, 그렇기 때문에 더 철저히 지도와 나침반을 점검하고, 선원들에게 역할을 분배하는 태도가 필요하다.

마음에는 이성은 알지 못하는 그 나름의 이유들이 있다.

*

파스칼, 팡세

긍정적인 것이 과연 좋은 것인가?

 현대 사회는 모순이다. 온갖 어려움이 넘쳐나지만, 동시에 '긍정적 사고'를 강조한다. 하나의 문화처럼 말이다. 힘든 상황이 닥쳐도 "그래도 다 잘될 거야."라는 말로 서로를 위로하고, 스스로를 다독인다. 고난은 때론 불행이지만, 그렇다고 반드시 없애야 하는 것은 아니다. 오히려 고난을 완전히 없애버리면 우리의 삶은 왜곡되어 버린다.

 "이 짓거리를 언제까지 해야하지?"

 큰 일을 거치고, 한 번은 소파에 앉아 생각을 했다. 고난은 끝이 언제 올지 말이다.

 매일같이 아침 일찍 출근하고, 누구보다 늦게 퇴근하면서 다른 성공한 사람들의 이야기를 들으면 그 말대로 현타가

온다. 다들 잘 살고 있는 것 같고, 나는 여전히 부진한 것 같았다. 하지만 그날은 뭔가 달랐다. 오히려 성공과 고난을 따로 보였다. 삶에서 고난은 근본 속성이라는 생각이 문득 들었다. 성공하는 사람들도 늘 새벽에 일어난다.

낙관은 한마디로 "다음번엔 잘될 거야."라고 스스로에게 건네는 응원이다. 뇌 차원에서도 긍정적 기대는 도파민 같은 보상 물질을 분비해 기분을 끌어올리고 스트레스 호르몬을 눌러 준다. 실제로 몬트리올 성인 135명을 대상으로 한 연구 (Jobin · Wrosch · Scheier, 2014)에서는 낙관 점수가 높은 사람일수록 하루 평균 코르티솔 수치가 9% 낮았다. 기업이나 국가가 밝은 미래 청사진으로 분위기를 띄우는 것도 같은 이유다. 장밋빛 비전은 합의를 빠르게 만들고, 긴 계획에 힘을 실어 주며, 개인에게는 자신감과 자존감을 지켜 주는 울타리가 되어 준다.

낙관의 효능에는 중요한 전제가 따른다. 첫째, 코르티솔이 낮아서 기분이 좋아진 것인지, 긍정적 기대 때문에 코르티솔이 낮아진 것인지 인과 방향이 불분명하다. 연구 표본이 적고 문화권이 제한돼 있어 결과를 모든 사람에게 그대로 적용하기 어렵다. 무엇보다 지나친 낙관은 "어차피 잘될 것"이라는 확신으로 위험 대비 행동을 늦추거나 무시하게 만든다는 점이 여러 연구에서 지적된다. 과도한 희망이 암 검진·보험 가입·안전 규칙 같은 실제 보호 장치를 소홀히 하게 해 오히려 만성 질환과 경제적 손실을 키운다는 사례도 있다.

타이타닉은 기술 발전의 상징으로 여겨졌으며 '절대 침몰하지 않는다.'는 낙관적인 신화에 둘러싸였다. 하지만 그 낙관론은 비극으로 끝났다. 충분한 구명정과 비상 대책을 마련하지 않았던 배는 결국 북대서양의 차가운 바닷속으로 가라앉았고, 1,500명 이상이 희생됐다.

1929년 미국의 대공황이 지나친 낙관이 초래한 비극이다. 당시 투자자들과 대중은 주가가 영원히 오를 것이라는 환상에 빠져 투기를 멈추지 않았다. 무분별한 신용 대출과 투자 열기는 거품을 키웠고, 결국 시장이 무너지자 그 충격은 전 세계를 뒤흔들었다. 사람들이 현실을 직시하지 않고 무작정 낙관을 믿었던 탓에 수많은 기업과 개인이 파산했고, 오랜 기간 경제적 고통을 겪어야 했다.

최악의 사태는 히틀러의 아리안주의에 있다. 아리안주의자들은 아리안인종의 우수성을 가지고 더 낙관적인 미래를 맞이할 수 있다고 생각했다. 우생학이 발달하고, 인종차별이 무분별한 낙관에 기반을 두는 것은 소름이 끼친다.

역사 속에서 반복되는 이런 사례들은 낙관론 자체가 반드시 나쁘다는 의미는 아니다. 결국 낙관은 완전히 버려야 할 독이 아니라, 알맞은 용량으로 써야 할 약이다. 과도한 긍정은 현실 검증과 대비를 마비시키지만, 근거 있는 기대와 현실적 준비가 만난 낙관은 행동의 연료가 된다. 낙관은 미래가 아니라 현실의 태도여야 한다.

확증 편향과 계획 오류는 낙관주의에서 태어난다. 마감 시한을 한 번도 맞춘 적 없는 팀이 또다시 '이번에는 두 배 빠를 것'이라 장담하고, 주식 시장 호황기에 '이번엔 구조적으로 다르다.'고 외치는 목소리가 커지는 것도 마찬가지다. 현실 검증 기능이 마비되면 의사 결정에서 위험 신호가 곧장 사라지고, 작은 오차가 나중에 거대한 충격으로 되돌아온다. 스토아 철학자 세네카가 "사전에 불운을 숙고하라."고 권유한 까닭은 바로 이 초기 감지 능력을 유지하기 위해서였다.

낙관론은 미래가 아닌 현실에 발을 묶어야 한다. 지금의 태도는 비관론보다 낙관론이 낫다. 미래는 비관적으로 보일지라도 지금은 할 수 있다는 태도를 견지하는 것은 미래도 대비하고 현실의 동력도 얻을 수 있다.

돌다리도 두드려 보고 건너라

나는 이 사자성어가 긍정적 비관주의자를 잘 대변한다고 생각한다. 현실은 돌다리를 건너야 한다. 주저하지 않고, 나아가려는 동력, 잘 놓여진 다리보다 고난을 맞이하려는 태도는 분명 긍정적이다. 하지만 돌다리도 무너질 수 있다는 비관적인 미래를 수용하는 태도. 이보다 더 나은 '긍정적 비관주의자'가 있을까?

고난과의 연결

마치 식물과 토양처럼 삶과 고난은 서로 없이 있을 수 없다. 마음을 억지로 고양하려는 낙관이야말로 삶을 왜곡하는 태도라고 본다. 고난을 바라보는 태도는 삶의 깊이를 만든다는 생각을 종종 한다. 예전에 책을 한창 볼 때 쇼펜하우어의 말을 듣고 놀란 적있다. "삶에 고난이 없을 거라고 생각하지 말아라." 내가 살짝 각색하긴 했지만 맞다. 삶은 언제나 고난이 있었다. 삶은 고난을 이해하지 않고는 이해할 수 없다. 고난을 통해 불안을 겪을 때 내가 '나'임을 각성케 되기 때문이다 (모든 고난이 그런 것은 아니다). 막연히 "다 괜찮을 것"이라며 불안을 억누르기만 한다면, 정작 자기 내면에 질문을 던지고 답을 찾는 과정을 놓치게 된다. 무조건적인 낙관은 우리가 느끼는 떨림과 고민을 흩뜨려 버리고, 결국 본질적 문제로부터 멀어지게 만들 위험이 있다.

어느 날 중국에서 새롭게 발견한 물건을 쿠팡에서 판매하기로 결심했을 때였다. 제품을 찾아 소싱을 마치고, 제품 이미지와 상세 페이지까지 깔끔하게 마무리했다. 내가 늘 하는 말처럼, "이번엔 진짜 잘될 거야."라고 스스로를 안심시켰다. 남편도 옆에서 응원하며 "이 제품은 분명 팔릴 거야."라는 말을 덧붙였다. 나도 그 말을 믿고 싶었고, 모든 것이 긍정적으로 보였다.

하지만 제품을 출시한 지 며칠이 지나지 않아 문제가 발생했다. 고객 문의가 빗발쳤다. 중국 공급처에서 보낸 물품 중 일부가 불량이었고, 품질도 기대만큼 좋지 않았다. 예상치 못한 리뷰들이 하나둘 올라오자 순식간에 판매량은 멈췄고, 반품 요청이 밀려들었다. 처음에는 억울했고, 현실을 인정하기 싫어 "이건 잠깐의 문제일 뿐이야."라며 스스로를 달랬다.

할 수 있는 일은 없었다. 나의 잘못이라고 할 수도 있지만, 거래처에 대한 신뢰도 있었고 샘플에서는 전혀 문제가 없었다. 고난을 인정하지 않으면 문제의 본질로부터 멀어진다는 사실을 깨닫고, 다시 냉정하게 원인을 파악했다. 이후 문제 있는 재고를 모두 정리하고, 철저히 품질을 검증하는 프로세스를 마련했다. 대부분의 사업자들은 고난을 통해 성장한다. 고난 이후에 새로운 시스템을 설립하던지, 문제가 될 요소들을 정돈한다.

나의 외부에서 오는 고난

고난은 나 때문에 발생하기도 하지만, 내가 원인이 아닌 경우에도 다분히 발생한다. 때로는 환율이 갑자기 뛰어 중국에서 들여오는 물품의 가격이 폭등하기도 하고, 물류 회사가 물건을 잘못 보내 고객들에게 배송 지연이 일어나기도 한다.

몇 달 전 중국에서 소싱한 계절상품을 판매하려 준비할 때였다. 예상보다 일찍 도착해야 했던 상품이 중국 현지의 공장 가동 중단으로 늦어졌고, 나는 그저 무력하게 기다릴 수밖에 없었다. 이럴 때마다 마음이 무거워지고, 내 손으로 통제할 수 없는 상황에 대한 무력감을 느낀다. 하지만 이런 외부의 고난 역시 삶의 한 부분임을 받아들이면, 스스로를 과도하게 탓하지 않고 더 현명하게 대처할 수 있는 여유가 생긴다. 결국 중요한 건 나의 잘못이든 아니든, 그 고난 앞에서 내가 어떤 태도를 취하고, 어떤 선택을 하는지의 문제다. 고난을 맞이하는 태도는 결국 나를 정의하는 힘이 된다.

 내가 생각하는 삶은 '비관 혹은 낙관'의 이분법이 아니다. 그보다는 낙관이 충분히 숙고된 결과인가, 아니면 고통과 진실을 회피하기 위한 방편인가 질문하는 편이다. 깊은 자기성찰과 현실 인식 없이 "괜찮을 거야."라고 되뇌는 것은, 오히려 일종의 자기기만으로 이어질 공산이 크다.

 비관으로 인해 우울함에 빠지지 않고, 낙관으로 인해 위험을 간과하지도 않는 긍정적 비관론자의 절묘한 균형은, 결국 우리의 내면을 한층 더 견고하게 만든다. 불안정한 길 위에서 미래를 준비하는 우리의 발걸음이 흔들릴지라도, 긍정과 비관이 동시에 작동하는 태도는 앞으로 나아가는 힘과 방향을 놓치지 않도록 이끌어줄 것이다.

인간은 자연에서 가장 연약한 갈대에 불과하다.
그러나 '생각하는 갈대'다.

*

파스칼, 팡세

무너지는 마음에 대하여

 고난을 겪을 때 가장 중요하다고 여기는 것은 자신의 마음이 무너지지 않는 것이다. 마음은 너무나 쉽게 무너지고 쉽게 상승한다. 우리 마음은 예상외로 쉽게 흔들리고, 때로는 아주 미세한 긍정의 계기에도 솟아오르는 경향이 있다. 주변 사장들이 회사를 접기로 마음먹는 순간은 바로 더 이상 못 하겠다는 마음을 먹을 때이다. 내가 가르치는 수강생 중 절반 정도는 사업을 잘하다가 그만두었다. 그만두는 순간은 돈이 없어서라기보다 마음이 꺾였기 때문이다. 마음이 꺾이는 순간은 다양하다.

 사업을 하면서 가장 많이 드는 생각 중 하나는 고난이 왔을 때 강제로 마음을 다잡아야 한다는 것이다. 고난을 동반한 불안은 마음을 1차적으로 타격한다.

"포기하면 편해."

한때 우스갯소리로 유행했던 말이다. 포기하면 진짜 편하다. 하지만 자기의식이 확장되는 순간을 경험할 수 없다. 마음을 다잡아야 한다. 긍정적인 태도로 고난과 불안에 대처해야 한다.

사람의 내면은 겉보기에 단단해 보이더라도, 사소한 충격이나 불안 요소 앞에서 갑작스럽게 무너질 수 있다. 하루아침에 큰 사건이 없어도, 작은 상실감이나 미묘한 거절의 언어만으로도 마음은 쉽사리 흩어지고 가라앉는다. 특히나 사업을 할 때 더욱 그렇다. 클라이언트가 거절하면 마음이 아프다.

중국에는 꽌시라는 문화가 있다. 우리나라 말로 하자면 인맥관리라고 할 수 있는데, 형님 아우라고 생각하는 편이 더 좋다. 이때 접대를 하고, 음식을 나누고 하며 사업을 잘해보자고 화이팅하는 분위기가 형성된다. 그런데 가끔은 이렇게 함께 술을 나누고 잘해보자고 해도 잠수를 타는 업체가 종종있다. 이럴 때는 다된 밥에 재를 뿌린 거 같은 기분이 든다. 그냥 넘겨도 괜찮지만, 답답한 것은 사실이다.

사실 업무를 잘하기 위함인데도 이렇게 거절을 당하면 마음이 괜스레 움츠러든다. 마음은 단순히 약하다고만 말할 수 있는 문제는 아니다. 이 지속적인 무너짐은 오히려 우리 존재를 더 선명하게 바라볼 기회를 제공하기도 한다.

잔잔한 호수 위는 평온해 보이지만, 조금만 바람이 불거나 물에 돌을 던지면 쉽게 물결이 인다. 물은 곧바로 물결치고 흙탕물이 올라올 수도 있다. 그러나 그로 인해 수면 아래 감춰져 있던 돌멩이나 부유물의 모습이 잠시나마 드러나게 된다.

우리의 내면도 이와 비슷하다. 아무 충돌 없이 평온해 보이는 상태에서도, 보이지 않는 곳에는 다양한 감정과 고민이 잠재한다. 마음이 무너지는 순간은, 그 잠재된 것들이 표면으로 솟아오른다. 처음에는 당혹스럽다. 어떻게 해야 할지 모르고, 이것이 자신의 본모습인가 고민을 하게된다. 하지만 요동치는 물결 덕분에 몰랐던 자기 모습이나 문제점을 구체적으로 인지할 수 있다. 취약함은 새로운 자기 인식이다. 쉬이 부서지는 감정 앞에서 스스로를 탓하기보다는, 그때야 비로소 드러나는 내면의 목소리에 귀를 기울여 볼 필요가 있다.

사업을 시작한 지 얼마 안 됐을 때였다. 쿠팡에 올린 상품

몇 개가 잘 팔리기 시작하자, 내 마음이 급해졌다. '이때다!' 싶어 중국 거래처로부터 무리하게 물품을 잔뜩 들였다. 현금 흐름이나 재고 관리 같은 기본적인 계산은 뒤로 미루고, 일단 물건만 많으면 다 팔릴 거라는 단순한 생각이 전부였다. 언제 일이 내 마음대로 풀렸던가

창고에 쌓여 있는 팔리지 않은 재고들을 보았을 때, 몇 달간 열심히 일했는데 손에 남은 건 빚과 재고뿐이라는 현실 앞에, 다리에 힘이 빠져 앉아버렸다. 너무 초라하고 부끄러운 기분이 들었다. 내가 이렇게 무능력하고 준비되지 않은 사람이었나 하는 생각에 자책이 끊이질 않았던 경우도 있다. 돌아볼 때야 웃으며 이야기하지만, 당시에는 정말로 잘못된 생각을 하기도 했다.

감정을 무시하지 말아라.

고난을 겪을 때 가장 어려운 일은 감정을 다루는 일이다. 물론 힘든 감정을 주체하지 못한다. 삶 전체에 영향을 끼치기도 한다. 게다가 고난의 시기에는 감정적으로 대처하지 말

라는 말을 많이 듣는다. 실제로 감정적으로 대처했다가 크게 낭패를 보는 사람들도 많이 보았다. 하지만 사람들은 더 나아가 감정을 이성보다 하위에 두려고 한다. 직업 선택이나 인간관계에서도 "합리적으로 생각하라."는 주문이 더 큰 설득력을 가진다. 그 결과 마음속에서 피어오르는 정서, 직관, 애정 등은 종종 '불완전하고 미성숙한 것'으로 간주되어 소외되곤 한다. 하지만 이성이 만능 해답을 주지 못한다.

이성은 계획과 전략을 세울 수 있게 해주지만, 정작 삶을 움직이는 힘은 감정에서 나온다. 아무리 논리적이고 계산적인 판단을 내려도, 내 마음속 깊은 곳에서 솟아나는 욕망과 두려움, 열정과 사랑이 없다면 동력을 잃기 쉽다.

사업 초기에 제품 선정이나 판매 전략을 철저히 분석했지만, 진짜 중요한 결정을 내릴 때는 결국 나의 감정을 따랐다. "이 물건이라면 내가 기쁘게 팔 수 있겠다.", "이 사업이라면 힘들어도 버틸 수 있겠다." 하는 확신은 이성적 분석에서 나온 게 아니라 감정적 직관에서 비롯되었다. 진짜 재미있는 일이지만 이성적으로 괜찮은 제품이 마음에 쏙 들지 않는 경우는 많다. 그럴 경우 '쪽'팔려서 팔기를 주저하는 경우가 생긴다.

특히나 고난과 불안은 한 명의 내면을 타격하기 때문에 감정이라는 연료가 필요하다. 고난을 이기게 해줄 감정은 열정이다. 열정은 감정의 한 형태이긴 하지만 차이점이 있다. 열정은 일반적인 감정보다 지속시간이 길다. 많은 감정들은 휘발한다. 그때를 지나고 딱히 곱씹지 않으면 날아가 버린다. 슬픔에 시간이 약이라는 이야기도 감정의 특성인 휘발성, 날아가서 사라져 버리는 것에 있다. 하지만 열정은 조금 특별하다. 물론 열정도 휘발하지만, '힘써 해내자.'라는 태도를 갖도록 한다. 특정한 목표나 활동에 대한 지속적으로 열정 소비한다. 자기 계발 책을 읽고 딱 드는 생각 '해보자.'가 이성만으로 가능한 일인가?

열정을 통해 동기부여를 받으면 '해야 한다.'는 방법을 그 다음에 찾기도 한다. 열정 같은 경우에는 이성이 뒤를 따라온다. MBTI에서 P에 속하는 즉흥적인 사람들은 특히나 그렇다. 다른 감정에 비해 매우 강력한 감정이다.

내 친구중에 T, J의 성격을 지닌 사장이 있다. 계획적이고 이성적으로 생각하지만, 동력은 늘 자기 계발서를 읽으며 얻는다. 그리고 보면 동기부여는 감동을 받으면 작동하는 듯하다. 만약 감정에 휘둘리지 않는다면, 열정에 다다를 수 없다.

감정을 완전히 통제한 인간이라면, 인간보다는 사이보그가 낫지 않은가? 우리는 머리로는 알지만 행동하지 못하는 경우가 얼마나 많은가?

누구는 "감정을 당장 좋은 대로, 혹은 나쁜 대로 치우쳐서 상황을 오판하게 만들며 차분한 논리와 객관적 정보가 더 신뢰할 만하지 않나?"라고 말한다. 현대의 심리학 연구에서도 인지적 편향을 줄이기 위해 이성을 활성화하라고 조언하기도 한다. 물론 감정에 휩쓸려 성급하게 행동할 위험은 분명 존재한다. 그러나 이성 또한 불완전한 정보와 전제 위에서 오류를 범할 수 있다. 감성도 이성도 모두 오류를 범할 수 있다. 더 나은 게 아니라 우리가 사람이라는 한계를 가지고 있기 때문이다.

나는 감정을 그래서 일종의 동력이라고 생각한다. 감정을 통해 촉발된 계획 수립과 목표 설정은 고난을 이길 가능성을 남긴다. 시인이나 음악가, 화가 등 예술가들의 이야기를 살펴보면, 극심한 고난이나 좌절을 통해 한층 성숙한 작품이 탄생하는 경우를 종종 볼 수 있다. 예술적 영감은 냉정한 분석에만 의존하지 않는다. 오히려 정서적 동요와 혼란 속에서 "무언가를 표현해야만 한다."는 절박함이 솟아오르고, 그 결과 새로운 창작물이 나오기도 한다. 사업이라고 다를까? 돈을 뜨겁게 사랑하라고 한다. 투자, 사업, 경제적 의사결정 등을 얘기할 때 감정을 자제해야 한다는 말이 거의 당연시된다. "돈과 감정을 섞으면 일을 그르치기 쉽다."는 식의 충고가 빈번하다. 하지만 현실에서 완벽히 계산적인 선택만으로 성공하는 경우는 드물다.

이성적 분석은 리스크를 식별하고 전략을 세우는 데 필수적이지만, 감정이 만들어내는 직관적 영감과 창조적 에너지가 없다면, 새로운 기회를 포착하는 눈을 잃기 쉽다.

부정적인 감정도 이득을 가져다준다. 불안이라는 감정은 흔히 부정적인 것으로 간주된다. 하지만 철학자 키에르케고르는 불안을 자기 자신을 깨닫는 계기로 여겼다. 그는 불안을 삶의 본질적 조건으로 이해하고, 오히려 이 불안이 인간을 자기 자신과 마주하게 만든다고 보았다. 불안이 발생하면 사람은 미래에 대한 불확실성을 뚜렷이 느끼게 되고, 자연스럽게 현실과 자기 자신을 직시하게 된다. 사업에서 불안은 역설적으로 더 신중한 판단을 이끌고, 자만을 경계하며, 자신과 사업의 본질적 한계를 돌아보게 한다. 이 과정에서 자신이 지금까지 놓치고 있었던 위험 요소를 발견하고, 그에 대비하는 구체적 전략을 세우게 되는 것이다.

예컨대, 쿠팡에서 판매를 처음 시작했을 때 나는 무작정 시장 반응이 좋을 거라 믿고 여러 품목을 한꺼번에 중국에서 수입했다가 큰 손실을 본 후론 늘 물건을 소싱할 때마다 막연한 불안이 나를 괴롭혔다. 하지만 오히려 그 불안 덕분에 나는 모든 상품의 리뷰와 평점을 꼼꼼히 확인하고, 경쟁사의 반응과 가격 동향까지 철저하게 점검하는 습관을 기르게 되었다.

고난으로 촉발된 불안이나 두려움과 같은 부정적 감정이 사업에서 더 본질적인 가치를 지닐 수 있다. 부정적 감정은 곧 내적 위기의 표현이자 경고 신호이며, 인간의 한계를 깨닫게 하는 중요한 단초가 되기 때문이다.

부정적인 감정이지만, 인간은 불안을 통해 비로소 자신이 처한 상황을 객관화할 수 있게 된다. 긍정적인 기분이 들었을 때는 오히려 자신이 처한 상황을 분간하지 못하는 경우가 많다. 물건이 잘 팔릴 때 나도 당연히 낙관적인 미래만 생각한다. '이렇게 팔다보면 곧 차사겠다. 건물은 언제 사게 될까?' 이런 고민을 한다. 그러다 보니 현재의 문제가 잘 보이지 않는 것은 당연하다. 불안은 대상이 분명하지 않은 막연한 공포와 다르다. 오히려 불안은 명료하게 특정 대상과 연결되지 않기에, 사업자로 하여금 자신이 일상적으로 기대고 있던 암묵적 가정과 자기 한계를 인지하게 만든다.

요약하자면, 부정적 감정은 인간으로 하여금 자신이 지금까지 유지해 온 사고와 행동 방식을 근본적으로 다시 점검하게 하는 힘을 가진다. 예를 들어 사업자에게 부정적 감정이 없다면, 그는 스스로 설정한 편안하고 익숙한 방식에 머물 가능성이 크다. 사업이나 자기 성장에서 안정은 그야말로 성장에 대한 동력이나 자기 확장에 관심을 두기보다 자신이 모든 상황을 통제할 수 있다는 막연한 낙관 속에서 성장을 멈추게 되는 것이다. 니체 역시 이와 관련하여 "인간은 고통을 통해 스스로를 넘어서는 존재"라고 강조한 바 있다. 니체에게 있어 고통과 불안은 단지 회피하거나 극복해야 할 감정이 아니라, 자기 존재의 의미를 새롭게 구성하고 자신을 초월할 수 있는 필수적 과정이었다. 오히려 고난과 불안이 찾아올 때마다 스스로에게 이렇게 질문해야 한다.

"지금 나는 무엇을 간과하고 있는가?",
"이 감정은 내게 어떤 한계를 알려주고 있는가?"

"이 불안이 내게 요구하는 변화는 무엇인가?"

즉, 부정적 감정은 단순히 극복하고 해결해야 할 문제가 아니라, 나 자신을 객관적으로 돌아보고 새로운 지평으로 나아가는 실존적 계기다. 부정적 감정이 주는 철학적 가치는 바로 여기에 있다. 불안을 부정하지 않고 정면으로 응시할 때, 사업자는 자기 자신을 정직하게 마주하게 되며, 비로소 성장과 확장의 가능성을 획득하게 된다.

인간이란 얼마나 기괴한 것인가! 얼마나 낯선가, 얼마나 괴물 같은가, 얼마나 혼돈이며, 모순이며, 경이인가!

*

파스칼, 팡세

고난, 고통, 불행은 다르다.

고난, 고통은 비슷하게 쓰이는 경우가 다반사다. 경우에 따라 고난이 불행이라고 생각하기도 한다. 하지만 셋은 엄밀히 다르다.

고난은 주로 외부 환경이나 상황, 외부 조건에서 기인하는 '어려움'을 지칭한다. 예컨대 사업이 실패했다거나, 재정적 위기가 닥쳤다거나, 천재지변이 동원된다거나, 갑작스러운 재난을 맞이하는 등이 고난에 해당한다. 특히 고난은 시험과 엮어서 사용하기도 한다. 고통은 개인이 직접적으로 겪는 '주관적이고 즉각적인 괴로움'을 가리킨다. 신체적 아픔(육체적 통증)이나 정신적 스트레스(슬픔·불안·우울 등) 모두를 포괄한다. 고난이 외부적 장애물에 더 초점이 맞춰져 있다면, 고통은 그 장애물이 내면화되어 나타나는 '고생스러운 느낌'에 가깝다.

고난과 고통을 나누는 것은 유익하다. 나를 힘들게 하는 외부 조건과 내부의 문제를 구분할 수 있기 때문이다. 즉 고난을 다룰 때는 외부 문제를 해결하기 위한 '이성적 접근'을 우선으로 하고 반면 고통을 다룰 때는 '개인적·심리적 돌봄'을 우선으로 해야 한다.

"외부 요인과 내부 요인을 따로 다루면 좀 더 효과적으로 어려움에 대처할 수 있어요."

김 사장은 경기 침체로 투자금을 회수당했었다. 당시만 해도 광대뼈가 드러날 정도로 수척해져서 한 번 밥을 사준 적이 있다. 몇 달이 지난 뒤 만난 김 사장은 어느 정도 이전의 모습을 회복했다. 나도 한창 힘들 때였다. 대금 지급을 위해 고군분투하고 있었고, 가끔 불안 때문에 새벽 5시에 일어나기도 했다. 김 사장에게 '어떻게 회복할 수 있었는지' 물었다. 김 사장은 자신이 컨트롤할 수 있는 마음, 태도 등과 외부의 요인들을 분리했다고 말했다. 마음을 잠잠하게 하기 위해 운동이나 짧은 명상을 병행했다고 한다. 마음을 바꾸니 고난을 마치 시험처럼 바라보게 되었다고 했다. 어려움보다는 시험이 나았고, 이겨내야 겠다는 동력이 생겼다고 했다.

이런 구분이 없으면 직원과의 대화에서 개인의 억눌린 감정이 폭발하거나, 반대로 팀원들의 정서적 호소가 '단순 업무 문제'로 간주해 무시되는 상황이 생길 수 있다. 감정과 대응이 섞여서 일을 그르치기 십상이다.

고난 속에서 행복하기

창고 한가운데서 텅 빈 박스를 바라보고 있을 때 문득 이런 생각이 들었다. 고난과 고통이 명확히 다르다는 건 알겠는데, 그럼 불행은 무엇인가? 사업 초창기엔 셋을 제대로 구분하지 못했다. 물류비가 급등하거나 중국에서 주문한 상품이 갑자기 도착하지 않을 때마다, 외부에서 온 고난은 그대로 내 마음속에서 즉각적인 고통으로 바뀌었고, 곧바로 나는 '불행하다.'고 결론을 내리곤 했다.

급한 마음에 조금이라도 빨리 팔아보려고 중국 도매처에 다소 무리하게 돈을 보냈는데, 상품이 도착하지 않았다. 연락조차 제대로 닿지 않았다. 몇백만 원을 띄어 먹고 날았다는 생각이 들었다. 손실이라는 생각에 내가 할 수 있는 일이 없다는 절망감과 분노가 얽혀 심장이 빠르게 뛰기 시작했다. 한국도 아니고 중국에 있는 사람을 어떻게 잡을까? 아무리 마음을 다잡으려 해도 '왜 하필 나야?'라는 말이 반복됐고, 내 인생이 그저 불운의 연속처럼 느껴졌다. 하지만 그때 불현듯 김 사장이 했던 말이 떠올랐다.

"외부 요인과 내부 요인을 따로 다루면 효과적으로 어려움에 대처할 수 있다."

나는 이 말이 무엇을 의미하는지 그 순간 처음으로 깨달았다.

먼저 내가 처한 상황을 냉정하게 분리하기 시작했다. 상품이 제때 도착하지 않는 것은 명백한 고난, 즉 외부 환경의 문제였다. 내가 지금 느끼고 있는 답답함과 좌절감은 이 고난으로 인해 생긴 내면의 고통이었다. 그리고 내가 불행하다고 느끼는 것은 이에 따른 결과를 종합한 나의 평가였다.

불행은 단순하게 힘들다는 것은 아니다. 힘든 기분을 불행이라고 한다면, 힘든 가운데 기뻐하며 열심히 노력하는 사람도 있으니까. 혹은 고난에 처해도 자신의 허물을 벗기 위해 노력하는 수도승들의 이야기를 들으면 이 둘을 따로 떼어놓으니, 내가 먼저 할 일은 내가 통제할 수 없는 고난을 받아들이고 통제할 수 있는 마음을 돌보는 것임을 알게 되었다. 그 길로 나는 창고를 빠져나와 집 근처 공원으로 향했다. 10분 정도의 짧은 산책과 명상만으로도 심장의 두근거림이 조금씩 잦아들었고, 맑은 정신으로 다시 생각할 여유가 생겼다.

고통이 잠잠해지자 고난은 불행이라는 이름을 잃었다. 오히려 명확한 해결책을 떠올릴 수 있게 되었고, 불안했던 마음도 다시 힘을 얻었다. 비록 상품은 예상보다 한참 늦게 도착했지만, 그 경험을 계기로 중국 쪽 소싱 채널을 하나 더 늘렸고, 더 신뢰할 수 있는 공급처를 찾게 되었다. 이전까지 나는 '고난이 없으면 행복할 수 있다.'는 막연한 기대 속에서 살았다. 그러나 고난과 고통을 분리하면서, 고난 자체는 행복을 파괴하는 절대적인 요인이 아니라는 사실을 깨달았다.

고난 속에서 행복하기 위해서는 외부의 고난과 내부의 고통을 분리하고, 각자에게 적합한 방식으로 대처해야 한다. 외부적 어려움에는 냉철한 이성적 판단을 통해, 그리고 내면적 고통에는 감정을 돌보는 방식을 통해 접근해야 한다. 고난을 고통으로, 고통을 다시 불행으로 연결 짓지 않을 수 있다면, 우리는 역설적이게도 고난 속에서도 행복을 유지할 가능성을 갖게 된다. 마치 맑은 날씨를 기대하기보다는 우산을 준비하고 비를 즐길 수 있는 사람처럼 말이다.

고난, 고통의 착오

고난과 고통의 혼동이 결국 '불행'이라는 개념적 착오를 만들어낸다. 흔히 우리는 외부의 고난을 곧바로 내면의 고통으로 연결시키고, 이를 다시 불행이라고 규정짓는 논리적 비약을 범한다. 그러나 불행은 외부 조건이나 고통 자체로 정의될 수 없다. 불행은 오히려 고난과 고통의 관계에 대한 개인의 내적 해석과 가치 판단에서 비롯되는 상태다. 스토아 철학자 에픽테토스가 말한 대로, "인간을 괴롭히는 것은 사물 그 자체가 아니라 사물에 대한 우리의 견해이다." 고난이라는 객관적 사실을 불행이라는 주관적 판단으로 전환하는 것은 오직 개인의 내면적 태도와 해석에 달려 있다.

따라서 고난 속에서도 행복을 유지하기 위한 핵심 전략은 외부적 고난과 내적 고통을 분리하는 데 있다. 고난을 객관적이고 분석적으로 다루면 이성적 해결책을 찾을 수 있으며, 고통을 심리적이고 주관적인 문제로 인식하면 내면적 돌봄과 회복을 촉진할 수 있다. 즉, 행복은 고난의 부재에서 오는 것이 아니라, 고난과 고통을 각각 적절히 다룰 수 있는 능력에서 비롯된다는 결론에 도달하게 된다. 결국 진정한 행복이란 외부 환경의 결여나 고통의 부재가 아니라, 고난과 고통을 바라보는 개인의 자세와 태도에서 결정되는 것이다.

행복은 기쁨이 아니다.

 행복을 단순히 순간적인 기쁨이나 쾌락적 만족감으로 이해하는 것은 철학적 관점에서 그 범위를 지나치게 축소하는 것이다. 아리스토텔레스는 행복(eudaimonia)을 '탁월성(arete)에 따라 이성적 활동을 지속적으로 실천하는 상태'로 정의한다. 즉, 행복은 순간의 감정 상태가 아니라, 개인이 지닌 내적 능력과 덕성을 지속적으로 실현해 나가는 삶의 전 과정에 걸친 활동이다. 아리스토텔레스에게 행복이란, 단순한 기쁨이나 일시적인 쾌감과 달리, 인간이 가진 잠재력(탁월함을 성취하기 위해)을 충분히 발휘하며 자아를 완성해 나가는 목적적이고 지속적인 노력의 결과이다.

행복은 늘 과거형이었다. 과정에서는 행복이 보이지 않기 때문에다.

"아 너무 행복하다."

라고 말할 수 있는 순간은 삶에서 그렇게 많지 않다. 오히려 그때가 행복했지 라고 말하는 경우가 더 많다. 결국 행복은 지금 느끼는 기쁨의 강도는 아니라는 뜻이 된다. 행복은 그렇다고 해석하는 자신의 마음에 있다.

내가 하고 있는 사업 역시 단지 매출이나 이익과 같은 일시적인 성공을 넘어, 지속적인 자기 성장과 성취를 향해 나아가는 행복의 과정이다. 고난의 방향이 자기 확장이라면, 자기 확장을 통해 행복이 과정에 따라 온다. 비단 사업뿐 아니라 우리가 하는 모든 행동이 행복의 과정이다. 내가 행하는 사업의 본질은 단순히 돈을 벌거나 순간적인 성과를 거두는 데 그치지 않고, 오히려 사업가 자신의 능력과 잠재력을 꾸준히 발휘하고 실현해 가는 데 있다. 고난과 어려움을 만날 때조차 극복하려 노력하고, 그 과정에서 내면을 단단히 하여 사업의 본래 목적과 의미를 발견하는 것이 곧 진정한 행복의 가치다. 즉, 행복이란 단지 성과가 아니라 성장을 목적으로 하는, 자아 성취를 위한 지속적이며 능동적인 삶의 여정인 것이다.

스토아학파 역시 행복을 외부 환경의 우연한 조건이나 순간의 즐거움과 같은 감정적 자극에 의존하지 않는 것으로 본다. 그들에게 행복이란 외부의 고난이나 고통에도 흔들리지 않고 스스로의 이성을 통해 자기 통제와 내적 조화를 유지하는 데 있다. 행복은 지속적인 자기 성찰과 덕성 실현을 통해 달성할 수 있는 상태라는 것이다. 고난의 방향인 자기 확장과 맞닿아 있다. 즉 행복이란 순간적인 기쁨이나 쾌락적 상태를 넘어서는 것이다. 행복은 단지 경험되는 것이 아니라 삶 전체를 통해 실현되고 증명하며, 자기 확장을 누리는 상태라 할 수 있다.

언젠가 날기를 배우려는 자는 먼저 서고, 걷고, 달리고, 오르고, 춤추는 법을 배워야 한다.

*

니체, 차라투스트라는 말했다

행복은 곧 삶에 임하는 태도이다.

중국에서 제품을 떼올 때마다 늘 불안했다. 과연 이 제품이 제대로 팔릴까, 혹시나 고객 불만이 많으면 어쩌지? 처음에는 불안한 밤을 지새우며 하루 매출이 조금 떨어질 때마다 작은 파동에도 흔들렸다. 어느 날 누가 물어봤다.

"그렇게 힘들면 회사원으로 돌아가."

회사원으로 돌아가고 싶지 않았다. 지금이 불안도 크고, 고난도 많다. 하지만, 회사원 때보다 행복했다. 불안, 고난과 행복의 공존이라니 아이러니했다. 하지만 분명한 것은 이 셋이 모두 내 내면에 함께 있다는 사실이다.

행복이란 매출 그래프의 높낮이가 아니었다. 이 모든 과정을 내가 온전히 받아들이고 있느냐 하는 태도의 문제였다.

현재에 대한 충실함

내가 정의한 행복이다. 태도이기도 하다. 행복한 삶은 완벽한 환경에서 주어지는 것이 아니라, 어려움과 고난이 있더라도 이를 현재의 일부로 기꺼이 받아들이고 그 속에서 지속적으로 자신을 확장하는 경험, 그리고 이를 지속하는 태도가 확실하다. 긍정적 비관주의에서 낙관적일 수 있는 이유는 바로 지금 갖는 태도 때문이다. 나중에 이야기하겠지만, 행복은 내가 행복하다는 해석과도 연결되어 있다.

나 역시 제품 리뷰가 좋지 않거나 예상보다 매출이 떨어질 때 불안과 초조를 느끼곤 하지만, 바로 그 순간을 다시 '내가 살아 있는 시간'으로 받아들이기로 마음먹었다. 그 선택이 내게 행복으로 다가왔다.

행복은 만족이나 기쁨보다 큰 단어다. 이상적인 미래의 성취가 아니라 현재 자신에게 주어진 삶에 성실히 응답하는 태도다. 행복이란 삶을 문제 없이 완벽하게 만드는 일이 아니다. 오히려 삶이 늘 불완전하다는 사실을 수용하고, 그 안에서 가능한 최선의 답을 찾아 실천하는 것이다. 행복한 사람은 어려움이나 고난이 없어서 행복한 것이 아니라, 그런 상황에서도 흔들리지 않고 자기 삶에 책임 있게 응답하기 때문에 행복한 것이다. 행복은 결과가 아니라 과정이고, 목표가 아니라 삶의 태도이다.

세계는 나의 '표상'이다.

*

쇼펜하우어, 의지와 표상으로서의 세계

고난의 목적과 방향

<u>고난은 가장 개인적인 경험이지만</u>
<u>너무 쉽게 전체로 환원되는 것</u>

고난은 가장 개인적 경험임에도 불구하고, 현대 사회에서는 자주 '모두 힘들다.'는 보편적 언어로 환원(잡다한 사물을 어떤 근본적인 것으로 치환하여 하나로 이해하는 일)되어 버린다. 힘든 것을 토로하면 사람들은 "다 힘들다."는 말을 꺼내곤 한다. 경제가 어려울 때도, 어떤 사회적 변동이 있을 때도, 매체에서는 항상 '전부가 힘든 시대'라 일컫는다. "나만 어려운 게 아니구나."라는 안도감을 주기도 하지만 고난이라는 경험이 가진 개별적·주관적 무게가 너무 쉽게 '전체의 문제'로 합쳐지면서, 개인이 겪는 고통이 지워져 버리는 역설적 상황이 벌어진다. 우리가 겪고 느끼는 고통은 지극히 개인적인 문제임에도 불구하고 말이다.

　사업을 하며 느끼는 재정적 스트레스, 진로 문제로 인한 불안감, 가족 내 갈등 등은 분명히 그 사람만의 고유한 삶 속에서 발생한 긴장이다. 모든 사람들이 이 감정을 공유하지는 않는다. '다 힘드니 어쩔 수 없어.'라는 논리로 뭉뚱그리면, 정작 개인은 대중 속으로 사라져 버린다.

　외부에서 모두 힘든 시기라고 하더라도, 나 자신에게 닥친 어려움은 나만이 겪는, 또 개인이 감내해야 할 도전이다. 이에 따른 문제나, 무게, 그리고 고난을 이겨낸 성취까지 모두 개인이 겪을 삶의 도전이다. 누군가는 재정난을 가정의 해체로까지 경험하고, 또 누군가는 그 상황을 창업 기회로 삼는다. 개개인의 상황이 다른 만큼, 해석의 개인적 차이가 바로 진정한 고통의 의미를 결정한다.

같은 시련도 사람마다 다르게 체험한다.

 한 회사에서 동시에 해고 통지서를 받은 두 직원을 상상해 보자. 직원 A는 안정적 월급이 사라졌다는 사실에 절망한다. 어떻게 살아가야 하나?"를 묻기는커녕, 오로지 이전 직장의 연장선에서만 살길을 찾으려 하다 보니, 의욕이 꺾이고 주변 탓만 하며 깊은 무력감에 빠져 들었다. 하지만 직원 B는 갑작스러운 실직에 충격을 받지만, 동시에 미뤄두었던 창업 아이디어를 구체화하려 시도한다. 시련이 자신 진짜 열망을 확인할 기회라고 생각한다. 같은 상황이어도 고난은 왜 다를까?

고난에 대한 해석이 다른 이유

- 과거가 현재를 재구성한다

 고난에 대한 해석의 차이는 사람마다 당연히 있다. 사람들은 어릴 적부터 형성된 가족 환경, 교육 방식, 인간관계에서 쌓인 기억을 통해 '세계'를 해석하는 습관을 기르기 때문이다. 그리고 시련 앞에서 이 습관이 자동으로 가동되면서, 문제가 일어난 상황을 재구성한다. 어린 시절부터 부모가 실패를 자주 용인하고 격려해 주었던 환경이라면, 성인이 되어 맞닥뜨린 고난도 '해볼 만한 도전' 정도로 인식하기 쉽다. 반대로 매우 엄격하거나 실패를 '수치'로 간주하는 부모 밑에서 자란 사람은, 조금만 예상치 못한 문제가 터져도 자기 능력을 의심하거나 압박감을 느낀다. 이런 작은 차이는 개인이 과거의 시련에 "해볼 수 있다."라는 자신감을 갖게 된다. 반대로 실패를 학습한 사람은 자신을 의심하거나 어려움을 실제보다 크게 파악하기 마련이다.

사람은 과거의 사건을 그대로 기억하는 것이 아니라, 감정의 상태나 상황에 따라 기억을 재구성한다. 과거의 경험은 비슷한 감정과 기억의 흔적을 만든다. 표면적으로 똑같아 보이는 시련도 각자에게 전혀 다른 성격의 고통이 될 수밖에 없다. 즉, 시련 자체가 동일하다 해서 그 체감 강도와 해석의 방향까지 일률적으로 똑같아지지 않는다.

간혹가다가 객관적이 환경만을 가지고 고난의 크기를 파악하고, '나는 이 정도도 극복했으니 너도 극복할 수 있다.'라고 가벼운 조언을 하는 사람들이 있다. 대개 이런 부류가

'모두 힘들다.'는 말로 위로로 한다. 하지만 고난의 무게는 각자가 다르기 때문에 획일화될 수 없다. 누구에게는 고난이 아닐 수도 있다. 고난은 너에게 있는 것이 아니라 개인의 내면과도 연관되기 때문이다.

- 회복탄력성과 성격의 영향

회복탄력성은 스트레스나 트라우마에서 벗어나 다시 일어서는 능력이다. 회복탄력성이 높은 사람은 역경이 닥쳤을 때 단기적으로는 충격을 받을지라도, 비교적 빠른 시간 안에 심리적 균형을 회복하고 다음 행동을 계획한다. 반면 탄력성이 부족한 사람은 사소한 문제에도 크게 흔들리고, 위기에서 벗어나는 데 훨씬 긴 시간이 걸린다. 기질의 차이는 선천적으로 타고나기도 하지만, 오랜 시간에 걸쳐 형성되기도 한다.

성격에 따라 고난은 다르게 받아들여진다. 어떤 외향적인 사람은 도전에 대한 흥분과 기대감을 더 쉽게 느낀다. 예상치 못한 문제도 오히려 '해결할 만한 과제' 정도로 인식할 가능성이 높다. 반면 내향적이고 소극적인 사람 중 불안 민감도가 높은 성격은, 같은 문제를 훨씬 심각하게 받아들이고, 대처 방식에서도 '은둔'이나 '자책'에 빠지기 쉬울 수 있다.

1980년대 초 애플이 빠르게 성장하며 회사는 급격한 경영 위기를 겪는다. 당시 CEO였던 잡스는 외향적이고 적극적인 성격으로, 위기를 오히려 흥미로운 도전으로 인식했다. 그는 강력한 카리스마로 직원들을 독려했고, 문제를 공개적으로 드러내며 혁신적인 돌파구를 모색했다. 반면 내향적이고 불안 민감도가 높았던 공동 창업자 워즈니악은 이런 상황을 심각한 스트레스로 받아들였다. 그는 내부 갈등과 경영 압박을 견디기 어려워했고, 결국 기술 개발에서 완전히 물러난 채 한동안 조용한 삶을 선택했다. 같은 문제 앞에서도 잡스는 더 적극적으로 뛰어들었고, 워즈니악은 스스로를 보호하기 위해 은둔을 택한 것이다. 성격 차이가 고난에 대한 해석과 대처 방식이 다르다.

　나와 비슷한 상품을 판매하는 경쟁자가 등장한 적 있다. 그것도 더 싼 가격에 내 상품 바로 옆에 진열된 걸 보고 가슴이 내려앉았다. 자칫 가격을 같이 내린다면 치킨게임을 할 수밖에 없다. 다른 사람이 지쳐 떨어져 나갈 때까지 손해를 감당하며 판매를 해야 한다. 그러고 싶지 않았다. 잠시 동안 숨이 막히는 듯한 불안이 밀려왔지만, 이내 정신을 차리고 '뭘 어떻게 해야 하나.' 생각하기 시작했다.

나는 내 상품이 가진 장점에 집중하기로 했다. 상세 페이지를 훨씬 더 꼼꼼하고 친절하게 고쳤고, 고객 리뷰 하나하나에 성실히 답변하며 신뢰를 쌓아갔다. 경쟁자가 어떻게 되었는지는 모르지만, 그래도 해당 상품은 잘 나가고 있다.

반면 나와 비슷한 상황에 처한 지인은 똑같은 위기 앞에서 자신을 탓하기 시작했다. 경쟁자를 발견하자마자 "역시 나는 사업할 그릇이 못 되는 것 같아."라며 자책했고, 불안과 무기력에 빠져 적극적인 대처를 하지 못했다. 결국 몇 개월 후 그 친구는 사업을 접었다. 얼마나 힘들었을지 모른다. 오직 그 친구만이 자신의 내면 사정을 알고 있을 테니까.

- 자기 효능감 느끼기

나는 고난 해석에 있어서 자기 효능감을 중요하게 여긴다. 자기 효능감은 어떤 일을 해낼 수 있다는 믿음이다. 고난에서 자신을 끌어올리는 중요한 동력이다. 동일한 시련이 닥치더라도 자기 효능감이 높은 사람은 "어떻게든 방법을 찾을 수 있어"라고 생각하며, 구체적인 전략을 모색한다. 반대로 자기 효능감이 낮으면 그 순간부터 체념하거나, 문제 해결 자체를 포기해 버리기도 한다.

그만큼 고난에는 객관적인 척도가 있는 것은 아니다. 같은 위기라도 사람마다 전혀 다른 해석이 생기고, 다른 반응을 보인다. 예를 들어 어떤 이는 '의미 있는 도전'이라 여기고, 다른 이는 '인생 최악의 시나리오'로 받아들인다.

흑자 도산이라는 말을 들어봤는지 모르겠다. 흑자이지만 현금이 없어서 회사가 망하기도 한다. 남들은 '어떻게 흑자인데 망하지?' 생각하지만, 흑자인데도 망할 수 있다. 진짜 웃을 수도 없고, 울 수도 없다. 조금만 버티면 돈이 들어올 거로 생각하지만, 힘든 것도 사실이다.

한동안 사업이 잘 풀리는 것 같아서 창고를 하나 계약했다. 처음부터 큰 창고는 부담스러워서, 내 능력에 맞게 작고 아담한 곳으로 골랐다. 그런데 막상 계약을 진행하고 보니 예상치 못한 추가 비용이 줄줄이 생겼다. 보증금에, 관리비 선납금, 내부 설비까지 하다 보니 통장 잔고가 바닥을 보였다. 당장 다음 주에 결제해야 할 물품 대금이 있는데, 마음은 불안으로 흔들렸다. 현금으로 다 결제를 하고 나니 진짜로 텅장이 되었다.

잠시 멍하니 앉아서 "이걸 어쩌지?" 하며 생각에 잠겼다. 솔직히 처음엔 무기력감이 밀려왔다.

"내가 너무 무리했나? 계약을 취소해야 하나?"

평소 자기 효능감을 중요하게 여겼던 나는 금방 정신을 차리고 구체적으로 대안을 생각하기 시작했다. 우선 대금을 일부 분할 납부할 수 있는지 거래처에 물어보고, 판매하고 남은 재고들을 빠르게 처리해서 현금 흐름을 만들어내기로 했다. 동시에 주변 지인들에게 조언을 구해 단기 대출 상품까지 알아봤다. 그렇게 하나씩 방법을 찾다 보니 점점 내 마음도 안정되었다.

무엇을 중시하느냐?

개인의 우선순위에 따라 고난의 무게는 달라진다. 예를 들어, 예술가에게는 작품 활동과 자기 예술 세계의 구축이 삶의 핵심인데, 이를 지속할 수 없는 상황이 오면 힘들어한다. 반면 사업자에게는 금융 자산이나 사업 안정성이 최우선 가치라서, 작품 활동을 할 수 없는 환경이 그렇게 문제가 되지 않는다. 동일한 외부 환경도 자신이 중심으로 두는 가치에 따라 달라진다.

대부분의 뛰어난 사업자 혹은 장인는 '끊임없는 자기 발전' 및 자아 확장이라는 목표를 가지고 있다. 실패마저 발전의 과정으로 재해석한다. 실패 없는 사업자가 없었고, 슬럼프가 없던 장인은 없었다.

훌륭하고 결과를 만드는 사람들과 민족들의 삶을 살펴보라. 그리고 하늘 높이 우뚝 자라려는 나무가 과연 나쁜 날씨와 폭풍 없이도 자랄 수 있는지 스스로에게 물어보라. 바깥에서 오는 냉혹함과 반대, 어떤 형태의 증오, 질투, 완고함, 불신, 엄격함, 탐욕, 그리고 폭력이, 큰 덕성을 크게 끌어올리는 데 유리한 조건이 아니라고 과연 단언할 수 있겠는가?

프리드리히 니체, 학문의 즐거움, 개인 번역 (Edinburgh, T.N. Foulis: 1910), p. XX.

니체는 개인의 삶에서 고난이란 필수 조건이라고 생각했다. 개인이 성장하는 데 있어서, 늘 행복할 수만은 없다. 삶에는 기쁨이 있는 만큼, 고난도 있고, 또 무풍지대 같은 권태도 있는 법이다. 하지만 간혹 오해하기에는 늘 행복과 기쁨만 있기를 원한다. 그런 삶은 없다.

고난에 대한 개인적인 해석이 중요한 이유

고난을 해석하는 능력은 인간만이 가지고 있는 특질이다. 고난으로 인해, 정신적으로 영향을 받아 지속적인 고통을 받는 것은 사람밖에 없다. 동물은 고난을 동물은 대체로 생존 본능을 통해 고난을 회피하거나 대처하려는 경향이 강하다. 먹을 것이 부족하면 새로운 서식지를 찾고, 천적이 나타나면 도망치거나 싸우는 식이다. 물론 어떤 동물도 단순한 반사에 그치지 않고 학습과 적응을 보이지만, 대체로 직접적이고 실용적인 방식으로 위기를 극복하는 데 집중한다. 인간도 먹고 사는 문제에서 본능적·학습적 행동을 보이지만, 그것을 넘어서서 환경을 재구성하거나 장기 전략, 기술 혁신 같은 추상적인 활동을 한다. 일부 동물은 나뭇가지나 돌을 이용해 음식을 꺼내거나 깨뜨리는 도구 사용을 한다. 하지만 인간은 도구 사용을 넘어서, 기술을 계승하고 혁신해 가며 고난을 극복하는 방식을 체계적으로 발전시킨다. "도구와 기술의 축적" 덕분에, 인간은 같은 종류의 고난이라도 사회적 협력과 산업·과학 발전을 통해 훨씬 더 복합적으로 대응할 수 있다.

이해하고 이름 붙이기

이는 인간이 가지고 있는 언어의 체계 때문이다. 인간은 복잡하고 다양하며, 의사소통 너머의 추상적인 생각을 언어로 표현할 수 있다. 동물도 소리·동작·신체 언어 등으로 기본적 의사소통을 한다. 위험을 알리거나 짝을 유인하는 신호 등은 꽤 복잡한 경우도 있다. 그렇지만 이런 의사소통은 대체로 '즉각적 상태 전달'에 국한된다. 인간 언어는 추상 개념, 시간·공간의 확장, 가상 시나리오까지 표현할 수 있는 상징체계다.

이는 고난을 단순 회피가 아니라 "왜 이런 고난이 생겼나, 앞으로 어떻게 준비해야 하나" 같은 미래 예측과 원인 해석으로 이어지게 한다. 또한 '고난'을 특정 어휘로 정의하고, 그 원인을 분석하며, 서로의 경험을 문서나 대화로 공유해 축적된 지혜를 만들 수 있다.

할런드 샌더스 대령은 켄터키의 외곽 고속도로에서 치킨을 튀겼다. 이른 새벽에 일어나 어둠이 내려앉을 때까지 기름 냄새를 맡으며 일했다. 잠깐의 휴식도 없이 앞치마에 기름때가 묻어가는 줄도 모르는 그는, 손님들이 남긴 조각 하나까지 맛을 보고서 '어떻게 하면 더 촉촉하게, 그리고 더 바삭하게 만들 수 있을까?'를 고민했다. 아무리 한 번 팔아보고 반응이 좋았던 닭요리라도, 곧바로 만족하지 않고 다음 날이면 튀김 온도와 양념 비율을 조금씩 바꿔 재시도했다. 때로는 새벽 네다섯 시부터 양념 연구를 시작해 정오가 넘어가도록 기름, 불과 씨름을 해야만 했다.

하지만 식당 운영은 점점 기울어가는 고난이 닥쳤다. 어떤 날은 식당에 한 명도 들르지 않는 날이 이어지기도 했고, 은행 대출마저 막혀 더 이상 영업을 지속하기 어려운 순간도 맞았다. 결국 식당 문을 닫아야 할 때, 샌더스 대령은 그냥 주저앉는 대신

"내가 가진 이 튀김 비법을 알리자."

결심을 세우고 길을 나섰다. 레시피가 적힌 노트를 챙기고 차를 몰아 여러 주(州)를 돌아다니며, 식당마다 들어가 치킨

을 시연하고 계약을 시도했다. 그러나 그 과정에서 수십, 수백 차례나 "우리와는 맞지 않는다."며 거절당했다.

그럼에도 그는 '어떻게 하면 더 빨리 튀기면서도 맛이 유지될까?'라는 고민을 놓지 않았다. 그래서 찾은 해결책이 바로 압력솥을 이용한 튀김이었다. 주방이 있는 곳마다 압력솥을 하나씩 설치해 닭고기를 일정 온도와 압력으로 튀겨내면, 훨씬 빠른 시간 안에 고르게 잘 익어 바삭한 식감이 유지되었다. 이 기법을 이용해 샌더스 대령은 식당 주인들에게 "이 방식이면 회전율이 올라가고, 손님들의 만족도가 훨씬 높아질 것"이라 설득했고, 점차 계약에 성공하는 비율이 늘어났다.

샌더스 대령의 고난을 이겨내는 과정은 지속적인 도전이라고 할 수 있지만, 그 밑에는 언어를 통해 환경에 대한 해석을 했다는 점이다. 고난을 언어로 구체적으로 만들었다. 더 촉촉하고 바삭하게 튀길까? 혹은 내가 가진 튀김 비법을 알리자 등은 고난에 대한 인간의 특질을 보여준다. 회피가 아니라 언어를 통한 전략 구성 같은 방식 말이다.

고난에 이름 붙이기

 고난에 의미를 부여하는 행위는, 단순 생존 본능 이상의 사고가 필요하다. 생존 본능이라면 회피하면 그만이다. 하지만, 인간은 자신의 즉, "이 고난은 왜 생겼을까?", "이것이 나에게 어떤 교훈과 메시지를 주는가?", "앞으로 나는 어떤 길을 택해야 의미 있는 삶이라 할 수 있는가?" 같은 질문을 던지고 해답을 찾으려는 인지적 활동이 필요하다.

 현재까지의 연구로 볼 때, 이런 고차원적 질문을 던지고 해답을 탐색하는 과정은 인간의 상징·언어 능력이 있어야만 가능한 것으로 보인다.

고난에 단순히 '고통스러운 사건'으로만 여기지 않고, 서사를 입히고 이야기화한다. 예컨대 한 사람이 파산을 경험했을 때, 그를 "인생의 큰 전환점"으로 해석하여 새로운 가치나 목표를 발견하기도 한다.

고난을 해석하지 않고 그대로 방치하면 어떻게 될까? 고난을 겪으면 자연스럽게 불안·좌절·분노·슬픔 등의 감정이 생긴다. 크기와 상관없이 고난은 어떤 상태를 유발한다. 출근 시간에 버스 정류장까지 가는 데 시간이 걸린다고 가정해 보자. 이때, 해석이 없다면, 즉 나름의 '이유나 방향성'을 찾지 못한다면, 이 감정들이 정리되지 못하고 누적될 가능성이 크다.

예를 들어 돈이 부족해 사업이 위태로운 상황인데, 왜 이런 고난이 생겼으며 어떻게 대비할지 스스로 정리하지 않으면, 막연한 무력감이나 짜증만 쌓여간다.

고난을 해석하지 않는다면?

하루 종일 작업한 물건들을 배송 센터에 맡기고 돌아오는 길에 신호등이 붉게 변했다. 정지선 앞에서 급하게 멈추자,

트렁크에 쌓아둔 빈 박스들이 우르르 무너져 내리는 소리가 들렸다. 순간 가슴이 답답해졌다. 이젠 정말 괜찮다고 생각했는데, 언제부터인가 내 안에는 해석하지 않은 고난들이 쌓이고 있었다. 얼마 전 중국에서 급하게 주문한 물건이 품질 문제로 반품 요청이 쏟아졌을 때도, 쿠팡의 배송 정책이 갑자기 바뀌어 예상치 못한 손실이 났을 때도, 나는 그때마다 원인을 따지고 책임을 명확히 하지 않고 그저 '사업하다 보면 그런 거지' 하며 넘기곤 했다.

고난을 해석하지 않고 내버려두면, 마음속에선 미처 소화되지 못한 긴장이 조금씩 축적된다. 표면적으로는 아무렇지 않은 척했지만, 작은 문제들이 내면에 쌓이면서 점차 만성적인 스트레스가 되어가고 있었다. 사소한 주문 오류나 남편과의 작은 의견 충돌 같은 별것 아닌 일에도 금세 예민해지고, 아이들이 장난을 치며 조금만 소리를 높여도 크게 화를 내게 되는 일이 잦아졌다. 내가 스스로 문제를 직면하고, 그것을 분명히 해석해 내지 않으면, 결국 내 마음과 몸은 이렇게 미처 풀리지 못한 스트레스들로 가득 차고 만다. 고난은 그 자체로 고통스러울 수도 있지만, 그것을 해석하지 않은 채 방치하면 더 깊고 오래 지속되는 내적 긴장을 만들어낸다.

그것이 삶의 질을 저하시키고, 결국 나 자신을 갉아먹는 근본적인 문제가 된다.

고난을 무작정 방치하는 태도는 단지 문제를 해결하지 못하는 데서 그치지 않는다. 어느 순간 '나는 이 문제를 해결할 능력이 없다.'는 잘못된 믿음을 스스로에게 심어주고, 이 무기력감은 다른 일에도 전염된다. 제품을 개선하거나 새로운 소싱처를 찾는 것 같은 간단한 일조차 시작하기 어렵게 느껴지고, 점차 삶 전체에서 무언가를 시도하려는 의지 자체가 흔들리게 된다. 결국, 내가 할 수 있는 일이 아무것도 없다는 무기력한 감정은 내면의 자존감을 깎아내리고 삶을 무의미하게 만든다.

사람은 홀로 있을 때만 자기 자신일 수 있다.
그리고 고독을 사랑하지 않는 자는 자유도 사랑하지 않는다.

*

쇼펜하우어, 삶의 지혜에 관한 아포리즘

인간만이 할 수 있는 고난의 해석

　동물 세계에서, 이와 같은 '내러티브 재구성'의 사례는 발견하기 어렵다. 일부 동물이 충격적 경험을 기억하거나 회피 행동을 학습할 수 있지만, "이 경험이 내 삶을 어떻게 바꿨는지"를 서사로 정립하고 "앞으로 이 비전을 지향해야겠다"는 식으로 의미를 부여하지는 않는다고 알려져 있다. 반면 인간은 개인적 고난을 예술로 표현하거나, 종교·철학적 성찰을 통해 우주와 세계를 설명하며, 스스로 그 속에서 위치를 찾으려 한다. 이는 '고난'을 일종의 상징으로 다루고, 그를 통해 자기 정체성이나 공동체의 유대를 재확립하는 행위다. 해당 과정은 동물의 행동 범주와 크게 다른 추상적·집단적 의미 부여로 해석할 수 있다.

인간만이 고난에 의미를 부여할 수 있는지에 관한 논쟁이 있다. 일각에서는 "동물도 나름의 세계관을 갖고 있으며, 인간이 알지 못하는 방식으로 의미를 부여할 수 있다."고 주장한다. 인간이 사용하는 언어나 서사로 동물의 의미 부여를 판단하는 것은 편협한 관점이라는 것이다.

그러나 이러한 주장은 현재 과학적 연구의 한계로 인해 완벽한 지지를 받기 어렵다. 동물들의 언어 체계나 사고방식이 인간만큼 복잡하지 않으며, 특히 상징적이고 추상적인 사고를 하고 있다는 명확한 증거가 현재로서는 없다. 물론 미래의 연구가 이러한 가능성을 열어놓고 있지만, 적어도 지금까지의 관찰과 연구 결과를 보면, 인간과 동물의 의미 부여 방식은 본질적으로 다르다.

고난에 의미를 부여한다는 행위는 단지 위험 요소를 피하거나 문제를 해결하는 것을 넘어, 의미 부여는 '해석'과 '가치 평가'를 포함하는 행위다. 즉, 고난이라는 사건을 객관적이고 물리적으로만 처리하는 것이 아니라, 윤리적, 철학적, 정서적 해석을 붙이고 이를 자신의 내면에 내재화하는 것을 의미한다. 이런 고도의 사고 행위는 인간의 복잡한 언어와 추상적 상징 능력이 있어야 가능하다. 실제로 인간의 문화와 예술, 종교와 과학 등은 모두 고난이나 수수께끼 같은 문제를 탐구하고, 새로운 의미를 건져 올리며, 그 의미를 축적하는 활동에서 출발했다고 해도 과언이 아니다.

이런 관점에서 동물도 분명 고통과 위기를 겪지만, 그것을 바탕으로 '이 시련이 어떤 함의를 갖는지'를 탐색하거나 '새로운 가치를 세우는 기회'로 삼는 모습은 현재까지 관찰된 바 없다. 동물의 반응은 즉각적이고 실용적이지만, 더 높은 차원의 추상적이고 상징적인 서사로 발전시키지 않는다.

물론 언젠가는 동물의 의식이 인간이 현재 인지하는 것보다 훨씬 복잡하다는 연구 결과가 나올 수도 있고, 그렇게 된다면 '인간만'이라는 전제는 재검토될 가능성도 있다. 하지만 현재 시점에서 동물 연구가 아무리 발전하더라도, 인간과 같은 방식으로 고난을 철학적, 예술적, 사회적 차원에서 끊임없이 해석하고 발전시켜 나가는 사례는 없다. 그러므로 인간만이 의미를 부여한다고 보는 관점은 현재까지의 과학적이고 문화적 이해를 종합할 때 충분히 타당하다.

결국, 의미를 부여하는 능력은 인간이 다른 동물과 근본적으로 구분되는 결정적 특징이다. 인간은 이 능력을 통해 고난이라는 상황을 단지 견디는 것에서 그치지 않고, "무엇을 위해, 어떻게 살아갈 것인가"라는 질문을 던지고, 그 질문에 대한 답을 끊임없이 찾아나가는 존재다.

고난, 내 삶의 가치가 드러나는 순간

고난을 어떻게 해석하느냐는 결국 개인이 무엇을 중시하느냐에 달려 있다. 같은 어려움이라도 사람에 따라 그 무게와 의미가 전혀 다르게 다가오는 이유가 여기에 있다. 가령, 한 예술가에게 창작 활동이 삶의 중심이라면, 작품 활동을 지속하기 어려운 환경이야말로 심각한 위기로 다가온다. 그러나 같은 상황이 경제인에게는 별다른 의미가 없을 수 있다. 경제인에게는 오히려 금융 자산의 손실이나 사업의 불안정성 같은 문제가 훨씬 더 치명적이다. 결국 자신이 인생에서 가장 가치 있게 여기는 것이 위협받을 때, 고난은 가장 강력한 힘으로 개인을 압박한다.

또한, 자신이 가진 기준에 따라 고난을 해석하는 방식도 달라진다. 어떤 사람은 삶의 목표를 '끊임없는 자기 발전'에

둔다. 그런 이들은 실패를 만나도 그것을 자기 성장의 과정이라 여기며 큰 타격 없이 받아들인다. 하지만 완벽을 추구하며 살던 사람이라면, 하나의 작은 실패가 자신의 존재 가치마저 송두리째 흔들어 버릴 수 있다. 따라서 고난을 마주했을 때 중요한 것은 단지 그 어려움을 견뎌낼 준비가 되어 있는지의 여부만이 아니라, "나는 진정 무엇을 원하는 사람인가?"라는 내적 목표를 명확히 인식하게 만든다.

성공과 행복에 관한 가치관 역시 고난 해석의 큰 축을 이룬다. 만약 성공을 단지 재정적인 풍요로움으로만 정의하거나 행복을 삶의 평탄함으로 단순화시킨 사람이라면, 사소한 경제적 손실이나 일시적인 고통에도 크게 절망하게 된다. 자신이 세워온 가치 체계가 무너졌다고 느끼기 때문이다. 그러나 다양한 가치를 포용하는 다원적 관점을 가진 이들은 같은 상황에서도 "다른 영역에서 보완하거나, 삶의 의미 자체를 다시 설정할 수 있다"고 생각한다. 이처럼 무엇을 중시하고 어떤 가치를 중심에 놓는지에 따라 고난이라는 같은 사건도 전혀 다른 형태로 경험되고 해석된다. 결국 고난 해석의 핵심은 외부 조건 그 자체가 아니라, 각 개인의 내면에 자리 잡은 가치와 기준의 차이에서 비롯된다.

사람은 홀로 있을 때만 자기 자신일 수 있다.
그리고 고독을 사랑하지 않는 자는 자유도 사랑하지 않는다.

*

쇼펜하우어, 삶의 지혜에 관한 아포리즘

고난을 딛고 행복으로

 고난은 삶의 조건이다. 사람은 누구나 살면서 크고 작은 어려움을 겪는다. 그러나 고난 자체보다 중요한 것은 그 고난을 어떻게 바라보고 해석하느냐 하는 태도의 문제다. 같은 상황에서도 어떤 사람은 쉽게 무너지고, 다른 사람은 오히려 도약의 발판으로 삼는다. 여기서 차이를 만드는 것은 '해석'이다. 고난을 단지 피해야 할 장애물로만 볼 것인가, 아니면 성장과 성찰의 기회로 삼을 것인가에 따라 삶의 질과 방향이 크게 달라진다. 결국 인간은 고난 자체가 아니라, 고난에 붙이는 자신만의 의미에 따라 살아가는 존재다. 의미를 붙이고 해석하면서 개인은 고난을 통해 더 큰 자신으로 성장한다.

그러나 고난을 대할 때 흔히 범하는 실수 중 하나는 바로 막연한 낙관주의다. 낙관은 인류가 가진 오래된 진화적 기제이자 사회적 촉매제였다. 원시 시대의 사냥꾼들이 실패 확률이 높은 사냥에도 계속 나설 수 있었던 이유 역시, "다음엔 잡을 수 있다."는 긍정적 기대 덕분이었다. 실제로 이런 기대는 뇌의 보상 회로를 자극하고 스트레스를 완화하여 다음 시도를 더 자주 하도록 만든다. 하지만 이러한 낙관이 무조건적이고 과도해지면 현실 감각이 무뎌져 실제 문제가 닥쳤을 때 크게 낙담하거나, 대응 능력을 잃는 결과를 초래할 수도 있다. 낙관이 진정 힘을 발휘하려면, 현실의 어려움을 있는 그대로 인정하는 '긍정적 비관주의'라는 태도와 결합해야 한다. 긍정적 비관주의란 미래가 항상 밝지만은 않을 것임을 인정하고, 그럴 때 발생할 문제를 미리 대비하여 자신을 강화하는 태도다. 이 태도는 삶의 불확실성을 정확히 직시하면서도, 그 안에서 할 수 있는 일들을 찾아 나서는 적극적인 대응 방식이다.

이러한 긍정적 비관주의가 가능한 이유는 결국 행복에 대한 관점과 연결된다. 흔히 행복을 순간의 만족이나 기쁨으로 이해하지만, 철학적 관점에서 행복은 훨씬 넓은 개념이다. 아리스토텔레스가 말한 '에우다이모니아(eudaimonia)'의 의미처럼 행복은 자신의 내적 탁월함을 실천하고 완성해 가는 삶의 전 과정을 뜻한다. 즉, 행복은 어떤 목표나 결과가 아니라 목표를 향해 지속적으로 나아가는 태도 자체다. 바로 이 점에서 행복과 자기 성취는 밀접히 연결된다. 진정한 행복이란 이상적인 미래에 도달했을 때 주어지는 상이 아니라, 지금 여기에서 자신에게 주어진 삶에 성실히 응답하고 자신을 계발해 가는 과정에 존재한다. 사업이나 창작, 학습, 인간관계 등 우리가 인생에서 중요하게 여기는 거의 모든 영역이 결국 이런 자기 성취의 과정을 요구하는 이유다.

결국 고난, 낙관적 비관주의, 행복과 자기 확장은 하나로 연결된 문제다. 삶의 불확실성 앞에서 우리는 늘 고난을 맞이할 수밖에 없다. 이때 맹목적인 긍정으로 어려움을 외면하지 않고, 현실을 직시하면서 적극적으로 문제에 대응하는 태도를 갖추는 것이 중요하다. 또한 행복을 결과가 아니라 과정으로 이해하고, 자신에게 주어진 삶의 조건에 최선을 다하는 자세를 유지해야 한다. 그래야만 고난 속에서도 의미를 발견할 수 있고, 그 의미를 통해 성장을 이루며 더 나은 자신으로 나아갈 수 있다. 우리가 진정으로 추구해야 하는 것은 막연한 낙관도, 극단적인 비관도 아닌 '삶에 대한 현실적이고 깊이 있는 태도'다. 그리고 그것이야말로 고난이라는 삶의 본질적 조건 속에서도 진정한 행복을 만들어내는 가장 확실한 방법이다.

사람은 홀로 있을 때만 자기 자신일 수 있다.
그리고 고독을 사랑하지 않는 자는 자유도 사랑하지 않는다.

*

쇼펜하우어, 삶의 지혜에 관한 아포리즘

생활에서 고난 이용하기

본 파트는 사업자의 입장에서 적었다.
나의 개인적인 견해와 사업 사이를 오가며 적었다.

고난의 시점에서 이윤보다
방향성을 먼저 점검해야 하는 이유

 고난은 언제나 숫자부터 호출한다. 매출은 미끄러지고, 현금 흐름은 가늘어지고, 계산서는 쌓인다. 우리는 반사적으로 손익계산서를 펼치고 어디를 잘라야 할지, 무엇을 포기해야 할지, 눈부시게 빠른 셈법으로 버텨 보려 한다. 그 절박함 한복판에서 반드시 던져야 할 물음은 언제나 "어디로 가고 있는가"다. 이윤은 숨 쉬는 조건이지만, 그 조건이 곧 존재의 이유가 될 수는 없기 때문이다. 유명한 사장들은 고난이 왔을 경우에 반드시 질문하라고 한다.

 "숫자에 연연하기보다 지금 어떻게 가고 있는지 점검하세요."

 배가 폭풍 속에 들었을 때 선장은 깊이를 재며 방향을 확인한다. 구명조끼가 물 위에 띄워 주더라도, 항로를 잃은 배는 결국 표류라는 이름의 침몰로 기울어 간다. 삶도 같다. 눈앞의 현금흐름으로 간신히 냉혹하다. 처음 품었던 목표와 어긋나는 순간, 숫자는 웃어도 가슴은 이상하리만치 싸늘해진다.

고난은 잔혹할 만큼 투명한 거울이다. 보이지 않던 모서리, 애써 덮었던 왜곡이 빛 위로 드러난다. 문제가 이윤이 아니라 방향이었음을 깨닫는 순간, 우리는 선택의 기로 앞에 선다. 연료가 부족한 차가 엔진을 멈춘 지금, 이 차는 본디 어디로 달리고 있었는가. 남아서 고칠지, 방향을 돌릴지, 내릴지. "나는 어떤 사람으로 남을 것인가"를 묻는 자기 검증이다.

돈이 없으면 직원의 월급도, 다음 발주도, 플랫폼 수수료도 감당할 수 없다. 우리는 돈 없는 삶의 슬픔을 너무도 잘 안다. 그러나 돈이 방향을 결정하게 두는 순간, 조건이 이유를 압도한다. 방향에 맞춰 유연하게 전략을 수정하는 것과, 방향이 무너졌는데도 돈만 좇는 것은 다르다. 전자는 성장이고 후자는 소모다. 고난 앞에서 사업자는 생존을 따지지만, 철학자는 존재를 의심한다. 둘은 충돌하지 않는다. 오히려 그 질문이 겹치는 지점에서 비로소 '살아 있는 사업'이 싹튼다.

역사가 오래된 브랜드일수록 위기의 순간에 오히려 빛난다. 난세 속에서도 약속을 거두지 않는 일관성, 단기 유혹에도 굴복하지 않는 가치가 소비자의 기억에 각인되기 때문이다. 신뢰는 그런 기억의 누적이다. 우리 개인의 삶도 연결된 하나의 직선이다. 한 부분만 떼어내 볼 수 없다.

그러므로 고난 속에서 먼저 묻자. 지금 이 길은 아직도 내 길인가. 이 위기는 나를 어디로 데려가려 하는가. 폭풍 너머에 선 나는 어떤 얼굴로 서 있을 것인가.

버티는 것도 중요하다. 하지만 더 중요한 건 어디를 바라보며 버티느냐다. 계산서 위에 적힌 숫자는 결국, 우리가 처음 품었던 꿈을 증명할 마지막 줄에 불과하다.

시간은 사건들로 이루어진 강, 격렬한 흐름과 같다. 무언가가 보이는 즉시 휩쓸려 가고, 다른 것이 그 자리를 대신한다.

*

아우렐리우스, 명상록

해석이 곧 전략이 되는 이유

위기가 들이닥치면 우리는 본능처럼 손을 뻗어 불을 끈다. 공급망이 끊기고, 고객이 떠나고, 현금 흐름이 말라붙는 순간 손과 숫자가 먼저 달린다. 실행은 빠를수록 좋고 손실은 작을수록 낫다―맞다. 그러나 그 광속의 대응보다 앞서야 할 질문이 있다.

이 위기의 본질은 무엇인가?
지금 이 사건은 어떤 메시지로, 우리에게 도달했는가?

표면만 보면 철학자의 물음 같지만, 사실 이 질문이야말로 인간의 운명을 가른다. 해석이 달라지면 전략이 달라지고, 전략이 달라지면 같은 위기라도 완전히 다른 길을 낸다. 위기를 단순한 '나쁜 사건'으로만 규정하면 우리는 회피를 택한다. 비용을 줄이고, 광고를 멈추고, 제품을 접는 식이다. 불을 끄는 데는 효과적일지 몰라도 어디서 불이 났는지 모른다면, 다음 화재는 더 크다.

전략은 선택이고, 선택은 시선에서 태어난다. 위기를 '일시적 침체'라 보면 임시 처방으로 끝나지만, '구조적 신호'로 해석하면 판을 새로 짤 수 있다. 매출 하락을 "제품이 안 팔린다."로만 해석하면 가격을 깎는다. 그러나 "우리 언어가 낡았다."로 해석하면 브랜드의 아이덴티티를 다시 짜며, "시장 자체와 우리의 방향이 어긋났다"로 들으면 과감히 철수와 재편을 선택한다. 해석이 깊어질수록 대처가 아니라 방향 전환이 가능해진다.

삶은 어떤가? 나의 생각이 낡았거나, 나의 방향과 세상의 방향이 맞지 않으면, 그리고 이 불협화음이 나의 생존에 문제가 된다면, 나는 과감하게 자신의 영토를 벗어나 새로운 생각을 해야 한다.

해석은 비용이다. 숫자로 바로 증명되지 않지만 시간을 탐식한다. 팀이 멈춰 서서 사건을 음미하고, 어제의 결정을 해부해야 한다. 많은 사업자는 이 과정을 생략하고 당장의 지표에 몰두한다. 하지만 해석을 미룰수록 같은 문제는 모습만 바꾸어 되돌아오고, 그때 치르는 대가는 초기 비용의 몇 배로 불어난다. 느린 통찰이 비싼 듯 보여도, 회피는 더 비싸다.

돈은 전략의 연료이지만, 해석은 전략의 뼈대다. 자금이 있어야 캠페인을 돌리고 인력을 옮기지만, 해석 없이 쌓은 전략은 반복되지 못한다. 첫 성공 뒤에 구조가 없으면 축적도 없다.

그러므로 고난 앞에서 가장 느린 과정을 먼저 택하자.
보고서보다, 긴축보다, 플랫폼 전환보다 앞서 묻자.
이 상황을 나는 어떻게 해석할 것인가.

해석 없는 전략은 다시 실패하고, 철학 없는 해석은 방향을 잃는다. 숫자만을 믿은 대응은 다음 폭풍 앞에서 무너진다. 사업자이자 철학자인 우리는 결국 같은 자리로 돌아온다. 행동에 앞서 의미를 묻고, 실행보다 먼저 시선을 가다듬을 때—그때 비로소 위기는 설계로, 손실은 나침반으로 변한다.

해석 없는 고난은 어떤 영향을 미치는가?

고난은 모든 사람을 비껴가지 않는다. 경기 위축, 고객 이탈, 파트너 붕괴, 내부 균열—사건의 얼굴은 제각각이지만 충격의 본질은 같다. 갑작스러운 추락 앞에서 모두가 웅크리며 묻는다. 지금 우리는 왜 이렇게 되었을까.

누구도 묻지 않거나, 물었어도 아무도 대답하지 않는다면 고난은 해석되지 않은 채 흘러가고, 그 침묵이야말로 팀을 잠식하는 진짜 상처가 된다. 심지어 개인이라면 더욱 스스로 물어야 한다. 누가 물어봐 주는 것도 아니고 자신이 발견하지 못한다면 도태될 수밖에 없다. 그만큼 고난은 자신을 비추는 맑은 거울이다.

고난은 사건이지만, 그 사건을 어떤 언어로 읽어 내는지는 문화의 기질을 드러낸다. 어떤 팀은 실패 앞에서 걸음을 멈추고 성찰하며, 잘못된 선택이 남긴 의미를 명료한 문장으로 남긴다. 다른 팀은 아무 말 없이 지나간다. 책임도, 교훈도, 다음 행동계획도 언급하지 않는다. 말이 사라지는 곳에는 기억이 남지 않고, 기억이 없으면 성장은 일어나지 않는다. 기억은 오직 언어와 해석을 통해 남는다.

해석 없는 고난이 잔흔처럼 쌓이면 집단적 침묵이 문화가 된다. "괜히 나섰다 손해 본다." "말해도 달라질 게 없다." "조용히 있는 게 상책이다." 이런 불문율은 책임을 흐리고 관계를 냉각시킨다. 동료는 협력보다 방어를 택하고, 위기 때 서로를 붙드는 대신 탈출구를 찾는다. 문제는 반복되고, 팀은 매번 같은 자리에서 무너진다.

고난은 리더십의 언어를 시험한다. 리더가 고난을 외부 탓으로만 돌리면 무기력이 번지고, "버티자." 같은 공허한 구호만 외치면 피로가 겹겹이 쌓인다. 반대로 "함께 해석하자"는 제안이 나오면 팀은 고난을 집단적 학습의 서사로 바꾼다. 말은 단순한 설명이 아니다. 말은 관계이고, 태도이며, 문화를 형성하는 구조다.

문화는 반복된 해석의 총합이다. 가정에서도 삶의 해석이 어떻게 되는지에 따라 가정만의 문화가 쌓인다. 물론 하나한 뜯어보는 것은 아니고, 가볍게 넘어가는 것들도 있지만, 이마저도 하나의 해석으로 수용하느냐 말아야 하느냐가 남는다.

매 위기마다 어떤 이야기를 나눴는지, 잘못을 누구에게 어떻게 분배했는지, 어떤 단어를 금기시했는지가 켜켜이 쌓여 가정 속 문화의 감도를 결정한다. 침묵하면 개인은 떠도는 소문을 반복할 수밖에 없다.

사업에서도 회계장부는 회복될 수 있어도, 해석되지 않은 고난은 잔재로 남아 팀을 병들게 한다. 성과가 나는데도 내부가 말이 없고, 시간이 흘러도 비슷한 자리에서 같은 방식으로 무너진다면, 그곳엔 해석이 부재한 상흔이 자리 잡은 것이다.

우리는 하루를 설계하는 존재이다. 어떻게 고난을 해석할지는 개인의 영역에 남아있다. 그러므로 다시 묻자. 이 고난을 우리는 어떻게 말할 것인가. 조용한 회피 대신 어떤 해석을 시작할 것인가. 해석 없는 고난은 상처로 남지만, 해석된 고난은 기억이 되고, 기억은 문화를 낳으며, 그 문화는 언젠가 우리를 다시 살리는 힘이 된다.

리더와 직원 입장의 고난이 분리되는 시점

 고난은 언제나 팀 전체를 덮는 장마처럼 다가온다. 그것도 갑자기. 매출 곡선이 꺾이고 구조조정이 시작되면, 사무실의 공기가 한순간에 얼어붙는다. 표면만 보면 모두 같은 비를 맞는 듯하지만, 실제로는 전혀 다른 체감 온도를 지닌 채 젖어 간다. 리더와 구성원은 동일한 사건 앞에서도 각기 다른 결의 고통을 겪는다. 이 차이를 직시하지 못한다면, '우리가 함께 겪는 고난'이라는 구호는 가장 위험한 자기기만이 된다.

 리더에게 고난은 선택의 고독이다. 모든 판단이 집중되고, 책임은 이름을 불러 가며 찾아온다. 외부에 탓할 구석도, "모르겠다."는 퇴로도 없다. 반면 구성원의 고난은 예측 불가능한 내일에서 솟구치는 불안이다. 프로젝트는 지속될까? 팀은 해체되지 않을까? 내 자리는 무사할까? ― 정보가 닿지 않는 자리에서 불안은 증폭된다. 같은 폭풍이지만, 리더는 정답 없는 표류를 견디고, 구성원은 방향 없는 흔들림을 견딜 수밖에 없다.

가장 큰 위험은 이 간극을 자각하지 못한 채 똑같은 언어로 위기를 설명하는 데 있다. 리더가 "우리 모두 힘들다."고 말하면, 직원은 '말로만 힘들다.'고 느낀다. 리더는 함께 버틴다고 선언하지만, 직원은 함께 아프지 않았다고 받아들인다. 정서의 온도 차가 신뢰의 균열로 번지고, 결국 "공동의 고난"이라는 말은 리더의 독백밖에 되지 않는다. 고난은 위에서 말하더라도, 아래는 체감된다. 회식이 줄고, 일정이 늘고, 커피머신이 사라지는 순간에 사람들은 위기를 몸으로 이해한다. 그래서 리더의 '조금만 더 힘내자'는 외침은, 그들이 이미 얼마나 버티고 있는지를 확인받을 때에만 힘이 된다.

선택할 수 있는 고난은 의미를 만들지만, 선택권이 없는 고난은 소외를 쌓는다. 리더가 감당하는 짐이 책임이라면, 직원이 짊어지는 짐은 무력감이다. 그러므로 리더는 자신의 고난을 설명하기 전에, 먼저 타인의 고난이 어떤 얼굴을 하고 있는지 묻고 들어야 한다. "같이 힘들다."는 말 대신, "당신의 고통이 내 것과 다르다는 사실을 안다."는 태도가 필요하다.

리더는 해석과 관리를 동시에 수행해야 한다. 전략적 언어만으로는 마음을 설득할 수 없고, 감상적 위로만으로는 방향을 세울 수 없다. 고난의 종류를 세분하고, 잃어버린 것과 견디는 것의 지도를 그리며, 서로 다른 결의 고통을 공평하게 다룰 언어를 찾아야 한다.

"우리는 같은 고난을 겪는다"는 선언보다 긴요한 것은 "너의 고난은 내 것과 다르지만, 그만큼 진실하다"는 인정이다. 그 인정이 있을 때 팀은 말할 수 있는 공간이 되고, 말할 수 있는 곳에는 신뢰가 다시 자란다. 반대로 리더가 자기 고난에만 몰두하면, 직원은 그 고난조차 믿지 않는다.

우리는 리더이기 전에 사람이고, 개인이기도 하지만 공동의 시간을 함께 보낸다. 그러므로 다시 묻자. 지금 내가 말하는 고난은 누구의 고난인가. 말하지 못하는 사람은 누구인가. 말할 수 없는 고난이 늘어날수록 팀은 침묵을 전략으로 오해한다. 해석된 고난은 기억이 되고, 기억은 문화를 낳고, 문화는 어느 날 우리를 다시 살리는 힘이 된다.

네가 외부의 일로 괴롭다면, 너를 흔드는 것은 그 일이 아니라 그 일에 대한 너의 판단이다. 그리고 그 판단은 지금 당장 지울 수 있다.

*

아우렐리우스, 명상록

'사회의 고난'을 '개인의 고난'으로 되돌려 읽는 방법

고난은 언제나 '다 함께'라는 거대한 합창으로 등장한다.
"요즘 다 힘들다."
"업계 전체가 얼어붙었다."
"이건 모두가 겪는 시련이다."

이 문장들은 위기의 원인을 설명하고 연대를 촉구하려는 언어다. 그러나 그 말이 반복되는 순간, 팀 안에서 누군가의 절박한 숨소리는 배경음으로 사라진다. 고난이 집단 명사로 불릴수록 개인의 서사는 희미해지고, 가장 먼저 균열이 간 얼굴들이 통계 뒤에 묻힌다.

공동의 고난을 말하는 바로 그 자리에서, 다시 개인의 고난으로 시선을 돌려야 한다. "모두가 힘들다."는 선언이 무엇을 지우고 있는지 묻지 않는다면, 그 연대의 수사는 결국 가장 약한 고리를 노출한 채 팀을 전진시킨다.

회사에서 위기는 차트와 지표로 그려진 구조다. 매출 하락, 공급망 불안, 비용 압박─숫자로 측정되고 회의실에서 분해된다. 그러나 구성원에게 위기는 경험이다. 급여 지연은 가계의 붕괴로, 팀 해체는 존재의 불안으로, 업무 축소는 의미의 소멸로 번역된다. 리더가 계획을 세우는 동안 직원은 그 계획을 견디며 버틴다. 그러므로 가장 먼저 던져야 할 질문은 "이 고난이 지금 누구에게 가장 깊게 스며드는가."다.

고난의 평균값은 고통을 설명하지 못한다. 팀 전체로 위험을 평균 내면 아무 일도 없는 듯 보일 수 있다. 매출이 줄었어도 버틸 수 있고, 몇몇이 떠났어도 대다수는 남아 있다. 그러나 그 평균 아래 극단의 고통을 감내하는 개인이 있다.

책임을 분산하기 전에 먼저 가장 빨리 쓰러질 이들을 돕고, 고난 속에서 말하지 않는 사람들을 찾아야 한다. 숫자에 가려진 개인의 서사를 다시 꺼낼 때만, 서로의 아픔을 '내일'로 받아들인다. 그렇지 않으면 고난은 늘 '누군가의 일'로 남는다.

개인의 고난으로 되돌아간다는 것은 단순한 감정 배려가 아니다. 회복되지 않은 고통은 관계의 금으로 이어지고, 숫자로만 위기를 처리한 팀은 언젠가 신뢰를 잃는다. 철학자는 사람을 구조로 환원하지 않고, 사업자는 그 구조 속에서 가장 먼저 무너질 조각이 누구인지 알아야 한다.

묻자.

묻는 일은 고난을 묘사할 언어가 없는 사람에게 고난을 언어로 묘사할 기회를 주는 것이다. 슬픔에 이름을 붙이는 일이다. 전체의 고난이 되기 시작할 때 묻는 것은 다시 고난을 개인의 영역으로 내리는 일이다. 지금 우리가 말하는 '다 함께'는 정말 모두의 얼굴을 담고 있는가. 침묵한 사람, 불리해진 사람, 말하지 않기로 선택한 사람은 어디에 있는가. 고난이 공동의 기억으로 남으려면, 지금 각자의 고난이 말로 호명되어야 한다.

네가 외부의 일로 괴롭다면, 너를 흔드는 것은 그 일이 아니라 그 일에 대한 너의 판단이다. 그리고 그 판단은 지금 당장 지울 수 있다.

*

아우렐리우스, 명상록

고난 속에서 빚어내는 일

브랜드는 상품의 껍데기를 넘어 한 문장으로 압축된 존재 이유이며, 그 문장은 대개 상처와 시련을 통과한 뒤에야 단단해진다.

"불안은 가능성이 깨어나는 산실"

키에르케고르, 불안의 개념 1844, p. 155

"춤추는 별을 낳으려면 혼돈을 품어야 한다."

니체, 차라투스트라는 이렇게 말했다, p. 41

애플의 'Think Different' 캠페인은 잡스가 해고와 복귀라는 실패의 통증 속에서 '세상을 바꾸는 괴짜'라는 한 줄 서사를 길어 올렸고, 위든, 케네디가 만든 나이키의 'Just Do It' 역시 죄수 게리 길모어의 최후 진술을 전유해 '고통을 넘어 도전하라.'는 결의를 심었다.

꾹 눌러쓴 문장은 시장 가치로도 증명된다. 브랜드 파이낸스는 2024년 전 세계 무형자산 규모가 79조 달러로 사상 최고치를 기록했다고 보고하는데, 이는 곧 '잘 쓰인 문장'이 세계 경제를 움직인다는 방증이다. 요컨대 브랜드는 물건이 아니며, 언어로 새겨진 자서전이다. 그리고 자서전은 고통의 문장을 감내할 때 비로소 독자의 마음에 각인된다.

사람들은 브랜드를 '경쟁력'과 '차별화'라는 공식으로 풀이한다. 필요조건이다. 그러나 우리가 진짜로 사랑하고 지갑을 여는 브랜드에는 그 공식을 넘어서는 침전물이 있다. 고난을 드러내는 것을 부끄럽게 생각하지 말자. 이를 통해 더 나은 것을 빚어내자.

실패의 흉터, 버팀의 기록

겉으로 드러나지 않아도 가장 깊은 층에 가라앉아 제품, 브랜드, 혹은 자신의 이야기의 밀도를 만든다. 우리가 어떤 로고에 마음을 열고, 시간을 쏟고, 돈을 맡기는 까닭은 예쁘거나 편리해서만이 아니다. 그 뒤편에서 '해석된 고난의 정수'가 은은히 발향 되기 때문이다.

우리는 실제보다 상상 속에서 더 많이 고통받는다.

*

세네카, 서신들

고난이 없는 브랜드는 표정이 없다.

런칭 직후 화려하게 떠오르고, 비주얼은 번쩍이며, 알고리즘을 타고 급등하지만—시간이 조금만 흘러도 기억에서 증발한다. 왜일까. 고난이 없으니 말이 없다. 실패도, 포기도, 버팀도 없었기에 '왜 존재해야 하는가'를 증명할 서사가 빈약하다.

고난은 브랜드의 언어를 잉태한다.
왜 이 불편을 감수했는가.
왜 이 말투를 고수했는가.
왜 이 방향에 집착했는가.

이 질문에 대답할 수 있는 브랜드만이 '브랜딩'이라는 이름을 얻는다.

위기는 브랜드에게 정체성을 캐묻는다.
매출이 꺾였다—우리는 여전히 그 가격을 지킬 것인가.
트렌드가 기울었다—우리는 우리의 어휘를 바꿀 것인가.
단기 수익이 유혹한다—우리는 장기 지도를 믿을 것인가.

대부분은 흔들리고, 바꾸고, 포기한다.
그러나 드물게, 얼마 안 되는 브랜드만이 끝내 위의 질문에 "예"라고 말한다.
그들은 잠시 늦어 보여도, 결국 더 멀리 간다. 고난 속에서 방향을 잃지 않은 이름만이 시간이 흐를수록 빛난다.

고난은 브랜딩에서 서사가 된다

브랜드가 낯설 만큼 불편하고, 설명이 길고, 로컬 재료를 고집한다면 사람들은 묻는다.

"왜 굳이 이렇게까지 해야 하나?"

브랜드의 스토리를 통해 조용히 대답할 수 있다.
"우린 한 번 흔들렸다. 그 흔들림 끝에서 이 길을 택했고, 여전히 옳다고 믿는다."
고난이 빚은 서사다. 처음부터 순조로웠다면 굳이 설명할 이유가 없었다. 실패하고, 실험하고, 되돌아온 기록이 있기에 오늘의 모든 선택을 말로 증명할 수 있다. 그 설명이 곧 브랜드의 정체성이며, 고객이 머무는 이유다. 큰 브랜드는 로고나, 슬로건으로 기억되는 경우가 많다. 하지만 작은 브랜드는 기업이 걸어온 길을 설명하고 보여주며, 독자와 소통한다. 자신을 통해 브랜드를 설명하는 것이다. 작은 브랜드가 가질 수 있는 강점이다.

모든 브랜드가 위기를 경험한다. 하지만 어떤 브랜드는 그 고난을 흘려보내고 아무 말도 남기지 않는다. 시행착오는 반복되고, 전략 없는 수정이 이어진다. 흔적만 늘어날 뿐 의미는 비어 있다. 반면 다른 브랜드는 "왜?"라는 물음을 끝까지 움켜쥐어, 고난을 철학으로 번역한다. 그 순간 브랜드는 사업의 부산물이 아니라 이야기의 결과로 서게 된다. 사람들은 고난을 이겨낸 스토리를 몹시 좋아한다.

광고가 허점을 감출 순 있어도, 브랜드의 태도는 드러날 수밖에 없다.

"왜 이 브랜드는 말을 아끼지?"
"왜 갑자기 톤이 변했지?"
"왜 유행만 따라다니는 걸까?"

브랜드가 침묵으로 일관하면 고객은 등을 돌린다. 그러나 고난의 흔적과 그 위에 세운 철학을 또렷이 말하는 브랜드는 화려하지 않아도 신뢰를 얻는다. 어떻게 고난을 이겨내는지, 또 어떤 노력을 기울였는지에 대해 사람들은 브랜드의 문장을 소비한다.

요즘 사업자는 철학자들 혹은 기록가처럼 실패를 기록하고 고난을 해석해 언어로 옮기는 사람들이다. 이 실패가 남긴 메시지는 무엇인가. 이번 흔들림은 우리의 철학을 어떻게 재배치하는가. 이 고난은 앞으로 우리의 말투를 어떻게 바꿀 것인가.

이 질문에 답할 때 우리는 브랜드를 만드는 대신 브랜드가 되어 간다. '되어 감' 속에 고난이 남긴 가치, 언어, 태도가 층층이 쌓인다.

깊이 없는 아름다운 표면은 없다.

*

니체, 선악의 저편

이야기와 서사화 전략

 모든 사업은 잘 드러나지 않는 실패를 품은 채 전진한다. 우리는 매 순간 잃고, 조정하고, 수정하며 나아가지만 그 과정은 대개 쓰라리다. 중요한 것은 고통 자체가 아니라 그 고통을 어떻게 다루느냐다. 고난을 말로 꺼내지 않으면 팀은 동일한 장애물에 다시 부딪히고, 고난을 정리하지 않으면 사업은 제자리에서 맴돈다. 그 고난을 문장으로 엮어두지 않으면, 누구도 그 실패에서 배우지 못한 채 같은 실수를 반복한다.

 사업자가 맞닥뜨리는 갈림길은 명확하다. 고난을 그냥 흘려보낼 것인가, 아니면 서사로 빚어낼 것인가. 전자를 택하면 실패는 일회성 사고로 묻히고, 팀 문화에는 "그때는 힘들었지만 어떻게든 지나갔다."라는 회피하는 기억만 남는다. 후자를 선택하는 사업자는 고난을 '문제'가 아니라 '진화의 장면'으로 전환하는 언어를 갖춘 사람이다. 그는 당장의 통증 속에서 왜 그 결정을 했는지, 무엇이 빗나갔는지, 이후 어떤 통찰을 얻었는지를 촘촘히 기록하고 재구성한다. 그렇게 서사화된 고난은 팀의 철학과 전략, 그리고 작업 태도를 규정하는 기초가 된다.

신사임당으로 알려진 주언규는 쓰라고 이야기한다. 진짜로 글로 쓰라고. 우리는 수학 문제가 어려울 때 필기를 하며 글을 쓰는데, 사업은 그렇게 하지 않는다고, 인생은 그렇게 하지 않는다고. 문장으로 엮어야 한다.

언어화된 고난의 해석은 강력하다. "그때 넘어졌기에 우리는 고객을 이렇게 대한다."라든가 "그때 흔들렸기에 우리는 지금 이 말투를 고수한다."와 같은 근거가 축적되면, 실패는 더 이상 숨기고 싶은 흠결이 아니라 정체성을 빚은 과정으로 작동한다.

반대로 언어가 없는 고난은 무의미하다. 회의록만 남고 맥락은 사라지며, 데이터는 쌓여도 통찰은 빠져 있다. 새로 합

류한 구성원들은 왜 똑같은 함정을 밟는지 이유도 모른 채 같은 오류를 반복하고, 팀은 성장 대신 소모를 선택한다.

고난의 서사는 곧 미래 전략의 좌표다. 모든 실패 뒤에는 당대의 신념과 한계, 오판과 가능성이 얽혀 있다. 서사가 없으면 시대의 트랜드에 쓸려다닐 수밖에 없다. 트랜드에 어떻게 자신의 서사를 담을 것인가? 질문한다면 고난의 서사를 남기는 방식은 좋은 무기가 될 수 있다.

어떤 가치는 타협할 수 없으며, 어떤 상황에서는 과감히 물러나야 하고, 어떤 요소는 예외 없이 확인되어야 한다는 원칙을 고난의 서사 속에서 자연스럽게 추출할 수 있다. 이러한 원칙은 위기가 거듭될 때마다 팀이 되돌아갈 수 있는 정신적 안전지대가 되어준다.

말로 옮기지 못한 고난은 시간이 갈수록 비난과 오해로 굳어진다. 누구도 기억하길 원치 않는 과거는 뒷말과 냉소를 낳고, 감정의 부유물이 되어 팀 곳곳에 침전된다. 그러나 고난을 말할 수 있게 되는 순간, 그것은 팀의 역사, 팀의 언어, 나아가 사업자의 철학으로 승화된다. 고난을 이야기로 만드는 능력, 그것이야말로 사업자가 지녀야 할 가장 현실적이고도 필수적인 철학적 태도다.

우리 삶은 자질구레한 것들에 낭비된다…
단순화하라, 단순화하라.

*

소로우, 월든

고난을 '윤리적 위기'로 재해석할 수 있을까?

　회사의 위기는 대개 매출 감소, 고객 이탈, 투자 실패, 자금 부족 같은 숫자의 언어로 정의된다. 보고서의 그래프가 급격히 꺾이고 팀이 분주히 수익과 손실의 균형을 맞출 때, 우리는 흔히 문제를 전략의 실패로만 해석한다.

　어떤 위기는 숫자가 아니라 '결정'이 빚은 결과이며, 그 결정은 전략이 아니라 윤리의 문제에서 비롯된다. 고객을 설득하는 방식, 직원을 대하는 태도, 파트너를 대하는 기준은 모두 재무제표 이전에 내려진 선택이고, 그 선택이 반복되면 위기는 결국 윤리의 붕괴로 다가온다.

　실패를 시장 예측 오류나 제품 출시 지연, 비용 통제 실패로 설명하는 건 익숙한 패턴이다. 하지만 종종 위기의 원점은 더 앞선 순간, 아주 작은 원칙의 타협에서 시작된다. 고객이 신뢰하던 언어를 하루아침에 바꾼 날, "그건 아닌데요."라는 내부의 이견이 회의실에서 묵살된 순간, 윤리적 경계가 흐려진 단 한 번의 타협이 눈덩이처럼 굴러가 위기를 키운다. 그런 결정을 해석하지 않고 지나치면 팀은 언젠가 이유도 모른 채 무너진다.

윤리는 규칙이나 매뉴얼보다 훨씬 구체적이고 내밀하다. 우리는 어떤 말투로 고객을 대하는가, 데이터를 관계 대신 도구로만 취급하지 않는가, 피로를 '효율'이라는 이름으로 미화하고 있지는 않은가. 이 질문들은 수치로 측정되지 않지만, 기준이 흔들릴 때마다 우리는 조금씩 신뢰를 잃고 존재 이유를 희미하게 만든다. 윤리가 무너지면 아무리 정교한 전략도 오래가지 못한다. 고객은 말과 행동의 간극을, 직원은 팀 철학이 실제로 지켜지는지를, 시장은 진정성이 없는 브랜드의 결말을 감지한다.

평화로운 시기에는 누구나 원칙을 말할 수 있다. 내 브랜드가 외부에서 비난받을 때 시험대에 오른다. 위기의 한복판에서 우리는 어떤 언어를 선택했고 무엇을 지켰으며 무엇을 버렸는가. 그 순간이 곧 윤리의 자리를 밝히는 분기점이다. 신뢰란 한 번에 쌓이지 않는다. 사람들이 브랜드의 기준을 판단하는 순간은 언제나 위기를 통과하는 방식 속에 있다. 숫자가 전략의 논리를 세운다면, 윤리와 선택은 당신의 인상을 만든다. 인상이 흔들리면 성과가 좋아도 사람들은 떠난다.

무엇을 하든 지속 가능성은 윤리에서 출발한다. 우리가 맞닥뜨린 위기가 단순히 수익의 침식인지, 아니면 존재 이유의 붕괴인지를 가르는 질문은 하나다. "우리는 지금 무엇을 지키기 위해 이 일 계속하는가." 이 물음에 명료하게 답하지 못한다면, 문제는 자금난이 아니라 윤리의 위기다.

필요하기도 전에 고통받는 자는,
필요한 것보다 더 고통받는 자다.

*

소로우, 월든

'다 힘들다'는 말이 회피의 언어가 되는 과정

"요즘 다 힘들잖아."

모두가 같은 처지라는 공감이 고통을 이름 붙여 주고, 우리는 혼자 아프지 않다는 사실에 잠시 숨 돌린다. 그러나 이 말이 되풀이될 때마다 아무 질문도 뒤따르지 않는다면, 그 순간부터 이 말은 연민이 아니라 무책임이 된다. 미국심리학회가 '집단적 트라우마에서 회복 중인 시대'라 규정한 2023년 조사에서 "요즘 다 힘들잖아"라는 위로는, 성인 10명 중 7명이 만성 스트레스를 호소한 현실을 비춘다. 다들 힘들다는 이야기를 입에 달고 살지만, 누구도 타인에게 위로를 건네지 않는다.

공통의 고통을 명명해 주는 이 말은 순간적인 숨구멍이 되지만, 하이데거가 경고한 '무심한 떠벌림'처럼 질문과 실천이 따라오지 않을 때 곧바로 책임 회피의 방패로 굳어질 위험을 안고 있다. 그냥 힘들다는 말을 입에 달고 사는 것이 된다. 연대의 언어가 스스로를 면책하는 주문으로 전락하지 않으려면, "왜 힘든가." "무엇을 바꿀 수 있는가."라는 후속 질문이 늘 동반되어야 한다. 숨 돌림 뒤의 침묵을 깨고 구체적 행동으로 이어질 때에만 공감은 연민을 넘어 책임이 된다.

문제는 '다 힘들다'는 문장이 모든 것을 덮어 버릴 만큼 편리하다는 데 있다. "다들 힘들어서 그래"라는 문장 하나로 설명해 버리면 고난은 더 이상 누구의 얼굴도 남기지 않는다. 이 침묵은 결국 "어쩔 수 없지, 다 힘드니까."라는 정서적 합의로 굳어지고 하나의 관성으로 자리 잡는다.

의미 없는 공감은 감정을 달래지만 책임을 구조화하지는 못한다. 일이 지속되려면 '왜 이런 위험이 반복되었는지', '어떤 판단이 틀렸는지', '그 결정에 누가 관여했고 누가 침묵했는지' 같은 질문이 따라붙어야 한다.

일반적인 고난에는 늘 뚜렷한 원인이 있다. 정책의 실수와 기준의 부재, 책임 회피와 소통 단절 같은 구체적인 이유들을 묻지 않은 채 "다들 힘드니까"라고 말하는 순간, 고난은 불가항력의 힘을 얻는다. 누구도 고난에 대응할 수 없다. 다들 힘드니까, 그렇게 사는 게 맞는 것처럼 들린다. 그때부터 누구도 책임지지 않고, 누구도 바꾸려 하지 않으며, 고난 자체가 팀 문화가 된다. 결국 힘듦을 정당화하는 언어 습관이 자리 잡고, 분위기와 눈치가 시스템을 대신하면서 윤리의 구멍이 커진다.

"요즘 다 힘들지."라는 말을 완료형이 아닌 시작점으로 만들어야 한다. 정리되지 않은 고난을 해석하고 구체적인 이야기를 끄집어내겠다는 시도로 삼아야 한다. "그래서 우리는 어디를 점검해야 하는가?", "그 고난은 누구에게 가장 무겁게 닿았는가?", "그 고난을 견디게 만든 결정은 무엇이었는가?", "그 고난 이후 우리는 무엇이 달라졌는가?" 같은 질문이 반드시 뒤따라야 한다.

일이 네 뜻대로 일어나길 바라지 말고,
일어난 그대로를 바라라. 그러면 삶은 순조로워진다.

*

에픽테토스, 엥케레이디온

고난을 숨기지 않는 리더십은 어떤 자산이 되는가?

 강해야 한다는 격언은 종종 '무너지지 않는 사람처럼 보이라.'는 압박으로 뒤바뀐다. 고난을 숨기는 강인함은 '말할 수 있는 문화'를 갉아먹는다. 우리는 학교와 현장에서 리더는 묵묵히 견뎌야 하고 감정을 드러내지 말아야 하며 두려움을 말해선 안 된다고 배웠다. 사회적으로 묵묵함을 강조하는 풍조가 있다.

 강함은 버티는 능력이 아니라 고난을 '말할 수 있는' 용기다. 리더가 "내가 흔들리면 팀이 무너질까 봐"라는 이유로 침묵을 선택하면, 그 침묵은 곧 고립과 불투명성으로 굳는다. 리더 뿐만 아니다. "내가 말하면 다른 사람에게 누가 될

까봐."라는 관점은 개인의 마음을 경직되게 만든다. 반대로 어려움을 인정하되 여전히 중심을 지키는 태도는 인간적 신뢰를 낳고, 팀은 그 신뢰를 정서적 추동력으로 삼는다. 리더가 고난을 공개하면 구성원은 추측 대신 사실을 듣고, 소문 대신 공적 언어로 위기를 다룬다. "확실한 해답은 없어도 함께 헤쳐 나가겠다."는 선언은 누군가의 짐을 모두의 과제로 바꾼다.

숨겨진 고난은 개인의 짐으로 고착되지만, 드러난 고난은 공동의 구조가 된다. 고난을 공유하는 순간 개인은 책임과 방향을 나누고 관계를 재정립하며, 주변은 위기를 '함께 감당할 수 있는 일'로 받아들인다. 이런 과정에서 진솔한 인간성은 전략 이상의 자산으로 떠오른다. '이 사람은 우리를 속이지 않는다.'는 깊은 신뢰로 옮겨가기 때문이다.

고난을 숨기면 그것은 벽이 되지만, 고난을 공유하면 다리가 된다. 그 다리를 함께 건너는 사람이 많아질수록 팀은 단단해지고, 리더 역시 혼자가 아니다. 사업자이자 철학자인 우리는 고난이 언제든 찾아옴을 안다. 선택지는 두 가지뿐이다. 벽을 더 높이 쌓거나, 다리를 놓거나. 다리를 택한 팀은 언젠가 반드시 다시 일어난다.

판단을 미루는 것이 왜 더 위험한가?

위기가 닥치면 사람들은 본능적으로 판단을 미룬다. 눈앞의 생존이 급하고, 정보는 불충분하며, 확신이 없으니 "조금 더 보자."는 말로 시간을 번다. 실무자는 그 유예를 신중함으로 오해하고, 리더는 책임 회피가 아니라 상황 분석이라 포장한다. 그러나 어떤 결정은 미루는 순간부터 존재의 자리를 잃는다. 가격 조정이나 채널 선택처럼 미뤄도 되는 사안이 있다면, "나는 지금 누구로 남을 것인가."를 묻는 실존적 판단은 그렇지 않다. 별로 중요해 보이지는 않으나 가장 중요한 질문이다. 파트너를 계속 믿어도 되는지, 처음 품은 방향과 아직 나란히 걷고 있는지, 한 발짝의 타협이 유연함인지 철학의 붕괴인지 묻는 질문들은 곧 정체성의 질문이다. 답을 미루는 동안 나와 팀의 성장은 동시에 유예된다.

회사에서도 실존적 판단을 피하면 팀은 그 침묵을 기준 부재로 읽는다. "대표님도 헷갈린다."는 말이 퍼지면 무사안일이 공기처럼 스며든다. 결단 없는 시간 속에서 신중함은 무기력처럼 보이기도 한다. 현명함은 혼란으로 보일 수도 있다. 전략이 아무리 정교해도 의지가 흐릿하면 사람은 움직이지 않는다. "우리는 이만큼은 타협하지 않는다." "속도가 늦더라도 이 길을 간다." 같은 선언이 설득력을 갖기 위해서는, 그 앞에 "나는 지금 이렇게 판단했다."는 리더의 선언이 서 있어야 한다. 판단을 미루면 전략은 목적 없는 절차가 되고, 구성원은 살아남기 위해서만 움직인다.

판단은 거창한 것이 아니다. 지금 이 자리에서 나다운 선택을 하는 일이다. 제안을 거절하고, 방향을 지켜 내며, 사람을 보호하고, "모르겠다."는 말에조차 책임을 지는 일이다. 결단을 미루다 보면 어느새 내 사업과 철학, 나라는 존재가 누구의 것도 아닌 무엇이 된다. 수익이 나도 이상하고, 성공이 와도 허무하다. 고통스럽더라도 결정을 내려야 하는 이유다.

판단은 늘 누군가의 기대를 꺾고, 어떤 가능성을 포기하며, 하나의 길을 선택하게 이끈다. 그렇기 때문에 나중에 그런 결정을 했다는 데 있어서 마음이 아플 수 있다. 판단은 그 본성은 아픔과 후회다. 후회하지 않는 판단은 없다.

우리는 그 아픔을 피하려 "좀 더 보고 결정하자."고 말하지만, 실은 "내가 누구로 남을 것인가."를 결정하는 자리에서 도망치는 것이다. 위기 속에서도 반드시 해야 할 질문은 셋이다. 지금 나는 어떤 말을 지키고 있는가. 이 선택은 일이 끝난 뒤에도 내게 부끄럽지 않은가. 나는 이 사업을 통해 누구로 남고 싶은가. 이 질문에 답하지 못하면 숫자는 남아도 사업의 정체성은 사라진다.

고난 속에서 판단을 미룬다는 것은 '사는 일'은 하되 '사는 이유'를 잃는다는 뜻이다. 사업자이자 철학자인 우리는, 아프더라도 그 판단을 선택해야 한다. 그것만이 우리를 지키는 유일한 길이다.

다른 사람처럼 되기 위해
우리는 자기 자신의 4분의 3을 포기한다.

*

쇼펜하우어, 삶의 지혜에 관한 아포리즘

고난의 해석 방식에 따라 달라지는 생존 방식

고난은 동일하다. 그러나 해석은 다르고, 해석이 달라지면 살아남는 방식이 전혀 달라진다. 모두가 같은 폭풍 속에 있었던 시대에도 어떤 브랜드는 스러졌고, 어떤 브랜드는 체형을 바꿔 가며 버텼으며, 또 어떤 브랜드는 완연히 다른 정체성으로 다시 태어났다. 차이는 결국 '무엇을 어떻게 해석했는가?'라는 한 줄에 모인다.

고난은 파괴보다 해석을 기다리는 새로운 방향이다. 비즈니스 모델을 재구성할 수 있는 순간이다. 어쩌면 새로운 시작, 변화를 알리기에 첫 문장으로 보아도 괜찮을 것 같다. 그 해석은 기술적 전략이 아니라 철학에 가깝다.

팬데믹의 한가운데서 같은 물리적 제약을 마주한 식음료·관광·교육업이 서로 다른 운명을 맞았다. 누군가는 거칠게 닫힌 문 앞에서 "운이 나빴다."며 한숨만 내쉬고 기존 구조를 그대로 끌고 갔다. 누군가는 그것을 "디지털 전환을 외면한 대가"라고 시대를 읽고 곧장 온라인 주문과 예약 기반 모델을 열었다. 또 다른 이는 "우리가 고객과 맺었던 관계가 얕았던 탓"이라 직면하고 커뮤니티 중심의 멤버십 생태계를 설계했다. 같은 외부 충격, 완전히 다른 내부 해석, 그리고 전혀 다른 생존 방식. 위험을 마주하며 그것을 패배로 받아들일지, 성장의 기회로 삼을지, 도전이나 포기로 규정할지는 "우리가 누구라고 믿어 왔는가."라는 자문에서 갈라진다. 믿음이 선명한 기업은 위기를 통해 브랜드의 본질을 재확인한다. 믿음이 흐릿한 팀은 고난 앞에서 방향을 잃고, 남은 에너지를 방어에만 탕진한다.

패션 기업 하나는 '빠른 소비 트렌드 자체가 붕괴됐다'고 판단해 시즌 컬렉션을 거두고 슬로우 아카이빙 모델로 전환했고, 결과적으로 사람들은 옷이 아니라 철학을 소비하는 팬덤으로 돌아섰다. 파타고니아 같은 경우에는 재활용하는 옷으로 유명하다. 심지어 회장이 나서서 "우리 옷 사지 마세요.

환경 오염됩니다."라고 말한 것이 기업의 매출에 긍정적인 영향을 미쳤다.

한 카페 체인은 '공간 중심 수익 구조가 불안정하다'고 읽어 오프라인 매장을 체험형 미디어 플랫폼으로 재해석했고, 제품 판매는 전면 온라인화하면서 공간을 수익이 아닌 콘텐츠의 무대로 재배치했다. 또 다른 교육 스타트업은 '지식 판매 모델이 한계에 다다랐다.'고 결론 내린 뒤 동행 코칭 기반의 구독형 멘토링으로 진화해 정보 제공자를 넘어 관계-기반 성장 촉진자로 자리를 바꿨다.

우리는 고난을 바로 보고 질문으로 번역해야 한다. 결국 고난은 파괴가 아니라 재설계의 출발점이다. 우리는 언제든 구조를 지키기 위해 철학을 접을 수도 있고, 구조를 포기하면서 철학을 지킬 수도 있다. 혹은 철학을 더 깊이 파고든 끝에, 지금과 전혀 다른 모델로 진화할 수도 있다. 그 순간 고난은 소멸하지 않는다. 오히려 다음 장을 쓰는 기점이 된다.

두 가지 극단이 있다. 이성을 배제하거나,
이성만을 허용하는 것이다.

*

파스칼, 팡세

시장 불황이 다르게 체험되는 구조

"요즘 시장이 너무 어렵다."

한국의 거의 모든 자영업자와 사업자가 한 번쯤 내뱉었을 토로다. 실제로 물가는 치솟았고 소비는 움츠러들었다. 정책은 복잡해졌고 불확실성은 커졌다. 그 누구도 이 시대가 쉽다고 말할 수 없다. 심지어 늘 불황이었다고 말하는 사람들도 있다.

같은 불황을 겪고 있어도 체감하는 고난의 결은 사업자마다 다르다. 누군가는 가게 문을 당장 닫아야 할 것처럼 절박해하고, 누군가는 이때가 오히려 기회라며 과감히 결단한다. 외부 상황은 동일해 보여도 내면의 구조는 서로 다르다.

시장은 하나로 보이지만 각자의 사업 구조는 다르다. 원가율이 높은 업종과 그렇지 않은 업종, 임대료 부담이 큰 자영업자와 브랜드 가맹점주, 온라인 중심 사업자와 오프라인 기반 사업자, 자본 여유가 있는 중견 사업자와 하루하루를 버텨야 하는 1인 창업자가 느끼는 압박은 결이 다르다. 불황이라는 외부 조건이 절대적 사실처럼 보이지만, 실제 고난의 무게는 각자의 자본 구조, 가치 체계, 관계망, 감내 가능성에 따라 완전히 달라진다. 매출이 줄어도 가격을 쉽게 낮출 수 없는 이에게 고통은 타협으로 다가오고, 같은 상황에서 재빨리 구조조정을 단행할 수 있는 이에게 위기는 실용적 전환의 계기가 된다.

시장 탓으로만 돌리면 손 놓고 기다리게 되고, 운영상의 문제로 보면 수치 조정과 감축 전략을 택하게 된다. 반면 자기 시험대로 읽으면 본질을 지키기 위한 우선순위부터 묻고, 관계의 기회로 해석하면 내부와 고객에게 더 깊이 다가간다. 불황은 사건이지만, 사건을 받아들이는 태도는 나의 문제다. 고난은 객관적 단일 값이 아니라 각자가 가진 구조·가치·관계·여력의 복잡한 관계를 보인다. 마치 깊은 퇴적층을 보는 것과 같다.

고난을 평균값으로 다루는 말은 위험하다. "요즘 다 어렵잖아", "다 그런 거지" 같은 표현은 연대감을 줄 수 있으나 동시에 개인의 절박한 사정을 덮어 버린다. 어떤 이는 당장 임대료를 낼 돈이 없고, 어떤 이는 대출 이자를 벌기 위해 수면 시간을 줄이며 일한다. 또 어떤 이는 10년간 쌓은 것을 정리할 각오로 하루를 버틴다. 경제 조건이라는 단일 프레임으로는 이런 구체적 고통이 설명되지 않는다. 우리는 각자의 삶을 감당하는 개인이다.

나는 이 상황 속에서 어떤 선택을 반복하고 있는가. 이 고난을 통해 무엇을 새롭게 보게 되었는가. 질문이 없으면 구조를 반복하고 실패를 순환할 뿐이다. 고난은 반복될 수 있어도 해석은 새로워질 수 있다. 해석이 새로워질 때, 우리는 같은 시장 안에서도 전혀 다른 방식으로 살아남는다.

우리는 진리를 갈망하지만 우리 안에서 발견하는 것은
불확실성뿐이다.

*

파스칼, 팡세

'운'이 아니라 '해석'

운이라는 말은 고난을 부드럽게 감싸 준다.

"하필 그때였어."

"어쩌다 보니 이렇게 됐지."

이런 말은 위로가 되고 책임의 무게를 덜어 준다. 운은 이미 굳어 버린 결과를 받아들이는 방식이고, 해석은 변화의 구조를 읽어내는 방식이기에 고난을 온전히 운으로만 설명하는 가능성을 잃어버린다. 해석이 사라지면 선택도 사라진다.

"그때는 시장 상황이 나빴어."

곧 질문을 멈춘다. 다음에는 잘 되겠지 정도로 생각한다.

얼마나 안일한가? 우리는 왜 그렇게 결정했는지, 다른 가능성은 없었는지, 지금 무엇을 바꿔야 하는지 더 이상 묻지 않는다. 고난은 과거의 반복으로 굳어 버린다.

해석은 반대로 선택을 복원한다. 그 선택 속에 담겨 있던 가치 판단과 숨겨진 경향, 비뚤어진 정보 구조를 끄집어낸다. 해석은 질문을 만들고, 질문은 기준을 세우며, 기준은 방향을 잡는다. 이 흐름이 살아 있는 팀은 같은 고난이 다시 찾아와도 더 빠르고 깊이 있는 판단을 내릴 수 있다. 반대로 고난을 운으로 처리한 팀은 실패가 반복될수록 설명이 얇아지고 말이 줄어들며, 결국 상황의 피해자이자 불확실성의 방관자로 주저앉는다.

실패를 한 번의 판단 미스, 혹은 운으로 끝내지 않아야 한다. 무엇이 반복적으로 놓였는지, 어떤 감각이 무시되었는지, 어떤 문화가 말을 막았는지를 확인해야 한다. 그렇게 얻은 통찰은 매뉴얼이 된다.

쓰고 해석하라.

그때부터 운 좋은 시기를 기다리지 않아도 된다. 스스로 고난을 예측하고 조정할 내성을 갖춘다. 해석이 깊어지면 외부 탓은 줄고 내부 점검은 늘어나며 각자의 역할이 다시 연결된다. 그 긴장과 회복력이 운이 아니라 철학으로 작동하는 전략을 가능하게 한다.

인간은 자신의 고통만 세길 좋아하고,
행복은 계산하지 않는다.

*

도스토옙스키, 지하에서의 수기

'해석의 깊이'가 나누는 전략의 수준

"저 브랜드는 왜 끝내 살아남았을까?"
"그 사업은 어떻게 같은 위기를 버텨냈을까?"
"똑같은 시기에 출발했는데 왜 우리는 다른 길로 흘러갔을까?"

처음엔 답을 경쟁력에서 찾기 쉽다. 더 빠른 기술, 더 세련된 디자인, 더 낮은 가격, 더 공격적인 마케팅…. 그러나 현장을 오래 들여다보면 진짜 격차는 '기술'보다 '해석의 깊이'에서 비롯된다는 사실이 드러난다.

A는 매출 하락을 단순히 마케팅 문제로 읽어 광고 예산을 키웠고, B는 브랜드 피로도를 의심해 고객 소통 방식을 갈아엎었다. C는 아예 "우리 핵심 가치가 잊혔다."고 진단하며 브랜드 철학을 다시 들고나왔다. 세 달 뒤 결과는 분명했다. A는 같은 문제를 고심할 수밖에 없었고, B는 간신히 균형을 유지했으며, C는 충성 고객 지표를 두 배 이상 끌어 올렸다. 해석이 깊을수록 전략은 근본에 닿고, 시간이 지날수록 그 근본이 구조를 지탱한다.

경쟁 분석은 필요하다. 그러나 남의 가격표·키워드·채널을 뒤쫓기만 하면 우리는 늘 타인의 전략에 "반응"하는 팀으로 머문다.

인스타그램을 키우다 보면 천재 같은 사람들을 본다. 자기 브랜드를 가지고 어떻게 저렇게 잘 키우는지. 그들은 보통 자신만의 기준을 가지고 있다. 잘 안되는 피드를 통해 새로운 피드를 위한 기준을 만들고, 더 나은 방향으로 나아간다. 우리는 무엇을 놓쳤는가. 이 문제가 우리 운영 구조 어디에서 반복되는가. 우리가 말하지 않는 진실은 무엇인가. 지금 고객은 어떤 감정을 숨기고 있는가. 이런 질문이 시작될 때 팀은 외부 파도에 흔들리는 배가 아니라 내부 엔진으로 움직이는 브랜드로 전환된다.

겉모습은 복제될 수 있지만 해석은 복제되지 않는다. 아무리 다른 브랜드가 큰 브랜드를 복사하려고 해도, 누구나 런던베이글이나 삼성이 될 수는 없다. 결국 우리가 상대해야 할 경쟁자는 외부가 아니라 우리 내부일지도 모른다.

탁월한 모든 것은 드문 만큼 어렵다.

*

스피노자, 에티카

자본은 문제 해결 수단일 뿐

돈이 문제의 열쇠처럼 보이는 순간이 있다. 광고비가 부족해 전환율이 떨어지고, 인건비를 감당하지 못해 팀이 흔들리며, 임대료를 내지 못해 브랜드의 얼굴마저 사라진다. 그때 우리는 "돈만 있었으면 해결됐을 텐데"라고 중얼거린다. 절반쯤은 맞는 말이다. 자본은 빠르고 강력한 수단이기 때문이다. 그러나 문제를 해결했다고 해서 문제를 이해한 것은 아니다.

자본이 있으면 일단 살아남는다. 하지만 살아남은 뒤에 무엇을 배웠는지, 어떤 변화를 선택했는지 말할 수 없다면 그 고난은 비용 처리된 사건 이상이 되지 못한다. 돈 쓰는 것이 가장 쉬운 해결 방법이라고 한다. 하지만 돈으로 해결하다 보면 나중에는 돈 이외에 다른 방법을 모르게된다.

사업초기가 가장 힘든 시기다. 매출을 발생시킬 때 대출의 유혹을 받기 때문이다. 하지만 돈이 매출의 향상으로 바로 이어지지는 않는다. 그 방향이 흐릿하면 우리는 돈을 쓰면서도 왜 쓰는지 모르게 되고, 살아남으면서도 누구로 남았는지 설명하지 못한다.

문제를 돈으로 덮으면 팀 안의 대화가 멎는다. 예산을 확보했으니 그냥 넘기자, 성과가 났으니 불만은 묻어 두자, 손익이 맞으니 구조의 균열은 모른 척하자. 이런 관료주의가 어디 있는가? 사업에서는 기업은 하나의 생명체다. 이런 태도가 반복되면 결국 실수는 기억되지 않고, 같은 일을 반복하게 된다. 돈 덕분에 무너지지 않았지만, 돈만 있었기에 성장하지도 못하는 팀이 되는 것이다.

자본은 시간을 벌어 준다. 돈으로 버티는 동안 성찰이 없다면, 우리는 같은 고난을 더 큰 예산으로 재현할 뿐이다. 그래서 중요한 질문은 돈의 유무보다 '돈이 아닌 것'이 무엇이 었는지를 보는 일이다.

자본은 '무조건 버티면 된다'는 착각을 낳는다. 고난이 던지는 질문은 무엇이었는가. 돈이 아니었어도 바꿔야 할 것은 무엇이었는가. 자본이 허락하지 않았던 변화가 아니라 철학이 허락하지 않았던 타협은 무엇이었는가. 고난은 지나가지만, 고난을 대하는 태도는 축적된다.

숫자에서 자유로운 사업은 없다. 그러나 왜 살아남아야 하는지를 묻지 않는다면 우리는 단지 '숫자만 좋은 회사'로 남는다. 우리는 생존과 존재 이유에 대한 질문, 그 둘을 동시에 수행해야 한다. 고난 앞에서 자본만 꺼내지 말고, 그 고난의 이름을 붙이고, 이유를 해석하며, 흔적을 기억해야 한다. 그래야만 돈을 넘어서는 무언가를 남기는, 진짜 사업이 가능해진다.

스스로 그렇게 여기지 않으면 불행은 없다. 반대로, 만족하지 않으면 어떤 것도 행복을 가져다주지 못한다.

*

보에티우스, 철학의 위안

철학 없는 성공이 위기 앞에서 무너지는 이유

사업이 잘될 때는 모든 것이 단단해 보인다. 매출은 오르고, 고객은 몰리고, 내부는 분주하다. 속도가 빨라질수록 의심은 줄고, 성과가 커질수록 질문은 사라진다. 그러나 고난은 예고 없이 들이닥쳐 그 성공의 속살을 시험한다. 겉은 화려했지만 안이 비어 있었다면, 빛나던 성장 곡선은 위기 앞에서 순식간에 주저앉는다.

성과 지표와 잔고와 화려한 보도가 쌓이면 사람들은 "잘나간다."고 말한다. 그 표현이 곧 "방향이 옳다."는 뜻은 아니다. 빠른 속도로 치고 나갔거나 운이 좋았을 수도 있기 때문이다. 성공이 무엇에 기반했는지를 묻는 구조, 다시 말해 철학이 없다면 고난이 찾아왔을 때 무엇을 지켜야 할지 모르게 된다.

빠른 성공은 철학 없이도 가능하다. 그러나 깊은 성공은 철학 없이는 불가능하다. 속도가 빠를수록 생략된 부분이 없는지, 존재 이유와 방식이 여전히 일치하는지, 고객이 우리를 무엇으로 기억하고 있는지 끊임없이 자문해야 한다. 그렇지 않으면 우리는 화제는 되었지만 기억되지 않는 브랜드가 되고 만다.

철학은 위기에서의 회복 탄력성을 결정짓는다. 성장 곡선이 꺾였을 때 다시 시작해야 하는 이유를 설명하지 못하면 사람들은 지치고 팀은 기운을 잃는다. 불안은 에너지가 남은 사람만이 할 수 있는데, 기운을 잃은 팀은 그저 사라질 뿐이다. 그러나 철학이 뚜렷한 곳에서는 "우리가 걷는 길은 원래 굽이진다."는 믿음이 말이 되어 팀을 다시 끌어올린다. 철학 없는 성공은 위기 앞에서 무너지지만, 철학 있는 실패는 위기 속에서도 자신을 새롭게 서술한다.

고난이 '현실적 동기부여'로 작동하려면

고난이 언제나 깨달음으로 이어지는 것은 아니다. 고난을 점검의 계기로 바꾸려면 세 가지 전제가 필요하다.

먼저, 고통을 숫자나 지표가 아닌 '문장'으로 풀어낼 언어가 있어야 한다. "매출이 빠졌다."는 보고에서 한 걸음 더 나아가 "우리는 고객에게서 멀어지고 있다"고 말할 수 있어야 한다.

둘째로, 그런 말을 멈추지 않는 문화가 필요하다. 말하면 일이 커질까 봐 두려워하는 팀은 해석의 기회를 놓치고 만다.

셋째로, '내 탓'도 '남 탓'도 아닌 해석의 공간이 있어야 한다. 점검은 분석이지 비난이 아니다. 누가 잘했느냐 못했느냐를 가르는 대신, 무엇이 구조적으로 반복되고 있었는지를 들여다보아야 한다.

점검은 불편하다. 말을 꺼내지 않았던 쟁점을 다시 끌어내야 하고, 정당화했던 판단을 의심해야 하며, 견고하다고 믿었던 기준을 흔들어 보아야 하기 때문이다. 그걸 왜 들쑤시고 다니냐는 이야기를 한다. 하지만 나중에 문제가 되는 것보다 들쑤시고 질문하는 편이 낫다. 그 불편을 감수할 때만 우리는 '버티는 방식'에서 '바뀌는 방식'으로 나아간다. 고난이 왔을 때 무엇을 배웠는지, 그때의 결정은 지금의 기준으로도 타당한지, 같은 오류를 반복하고 있지는 않은지를 묻는 과정에서 팀은 비로소 다음 고난을 새롭게 맞이할 준비를 한다.

고난이 거울처럼 구조를 비출 때 우리는 무의식적으로 반복한 매출 중심 사고, 피로, 침묵 같은 요소들이 드러난다. 스스로 물어보자.

이번 고난은 어떤 구조적 약점을 드러냈는가?
그 약점은 이전에도 존재했는가?

고난이 지나간 뒤에도 그 구조가 그대로 남아 있지는 않은가?

숫자보다 먼저 '반복되는 구조'를 보아야 고난이 하나의 사건이 아니라 수정 가능한 흐름이 된다.

무(無)에서 무언가가 생겨날 수는 없다.

*

루크레티우스

에필로그
고난을 통한 자기 확장

 고난은 누구에게나 찾아오지만, 모두에게 같은 강도로 내려앉지는 않는다. 어떤 고난은 복구가 가능하다. 구조만 손보면 되고, 관계만 다시 정리하면 되고, 예산만 재편성하면 된다. 그러나 어떤 고난은 비극이다. 예기치 못한 죽음, 돌이킬 수 없는 외부 타격, 신뢰의 붕괴, 적자가 아니라 존재 의미의 상실 같은 일들은 삶의 중심을 뒤흔든다.

 고난 앞에서 다시 설 수 있으려면 몇 가지 조건이 필요하다.

 첫째, 지금 어떤 태도를 가졌는가?
 둘째, 어떤 고난이 나의 앞을 막았는가?
 셋째, 자신의 서사를 어떻게 써나갈 것인가?

 많은 사람이 고난 이후 재정적 복구에만 집중한다. 시스템을 복구하고, 계획을 수정하고, 비용을 재정비한다. 그러나 복구가 끝나도 똑같은 경우가 많다.

지금 우리에게 필요한 질문은 "이 고난을 어떻게 부를 것인가? 이 비극에 어떤 의미를 부여해야 앞으로 나아갈 수 있는가? 고난의 원인을 묻기 전에 우리가 어떤 태도를 선택할 수 있는가?"다. 이 질문을 피하면 시스템은 돌아가도 정체성과 동기는 무너진 채 남는다.

고난 앞에서 우리는 단 하나의 문장이 있어야 한다.

"고난의 방향은 자기 확장이다."

그 문장이 설득력을 얻으려면 성과나 자본이 아니라 해석된 시간, 정리된 언어, 그리고 그 언어를 함께 나눌 사람들의 존재가 필요하다. 의미가 있을 때만 팀은 비극 속에서도 다시 설 수 있다.

고난에도 방향이 있다면

초판 1쇄 발행 2025년 9월 30일

저자 박지현
발행인 김영근
편집 마음 연결
디자인 마음 연결
펴낸곳 마음 연결
주소 경기도 수원시 팔달구 인계로 120 스마트타워 604호
이메일 nousandmind@gmail.com
ISBN 9791193471876
값 18000